千寻 与世界相遇

千寻

总 策 划　杨旭恒
项目编辑　云海燕
装帧设计　木
内文排版　史　明
责任印制　盛　杰
营销编辑　火　包

给父母的建议

〔苏〕B.A.苏霍姆林斯基 著　如心 译

—

Мудрость Родительской Любви

—

云南出版集团　晨光出版社

Preface 推荐序

在帕夫雷什学校认识苏霍姆林斯基

两年前，我有幸来到乌克兰，访问了距基辅2小时车程的帕夫雷什学校。苏霍姆林斯基在这里任校长长达22年，帕夫雷什学校被列为世界上最著名的实验学校之一。这次访问是一个契机，在教育现场弥补了缺失的重要一课——对苏霍姆林斯基这位伟大教育家的认知。

苏霍姆林斯基的教育学，研究者表达为情感教育、道德教育、生命教育等等；但是，参观了学校，回国后打开他的著作，就感到这种抽象定位与他用全身心拥抱的，充满理想、激情和道德感又坚定而清晰的教育活动的明显反差，就像用图片概括大海与天空那样。

苏霍姆林斯基的著作被称作"教育百科全书"和"活的教育学"。生命只有52年的苏霍姆林斯基写出了41部专著，600多篇论文，1200多个童话、故事、小说，以及1700个儿童发展的个案。没有什么比"1700个儿童"更能打动人心，彻悟苏霍姆林斯基"把爱全部给孩子"这样的情怀和践行。

苏霍姆林斯基的教育学首先是"人的教育"。

学校奉行的教育哲学是："人——是最高价值""教育学——是人学"。教育目标是培养"真正的人""大写的人"，其他的一切都是手段。他的女儿卡娅说："正是我父亲，第一个把'人性'引入了苏维埃教育。"

苏霍姆林斯基深信，"小学时期是一个人形成接受教育能力的最关键时期，其实质在于形成对人的需要"。教师必须持坚定的儿童立场，"爱儿童"和"相信孩子"。为此，要努力把自己变成孩子。"教师对儿童的爱，不是本能的爱——而是睿智的人道主义之爱，这种爱，包含着对学生人性的深刻认知，对学生个性中一切优缺点的深刻理解，因而充满崇高精神——这种爱，是教会人生活的爱，它绝非轻而易举，这要求教师集中心灵的全部力量，并始终不渝地做出奉献。"

这种"人的教育"是建立在情感教育和美育之上的。

"情感是道德发生的基础。""教会孩子体会和了解周围的人，用心灵去感受他们——这好似花园中最幽香的那朵花，它的名字就叫情感教育。""情感，是道德信念、原则性和精神力量的血肉和心脏。"必须坚持"情感理性"。而情感是和美感紧密相连的。只有重视美育,才可能培育出和谐发展的"好人""真正的人";"一个人,只有当他能发现晚霞之美、发现飘浮于天空的云彩之美时,只有当他能倾听夜莺婉歌、体验对苍穹之美的赞赏时,他才成了人。"他在《公民的诞生》一书中写道:"在少年期,情感教育与美育的统一,有着特殊的意义。这在本质上是一个全新的思维阶段……个人对社会的、公众的思想所持的情绪美学态度越是鲜明,其道德情感也就越深刻。"

因而,"教学——这首先是人与人之间的相互关系,是精神价值的交流,是发自内心的善意和相互同情的赠予,整个学校生活应当渗透着人道精神。""教师的十分重要的任务,就是唤起孩子具有情绪的敏锐性、注意的深刻性、情感的精确性。"

苏霍姆林斯基关于教育的真知灼见,也警醒着如今的教育:

——以教师的热情点燃孩子的求知火花,杜绝死记硬背,焕发孩子们的智力自尊;主张"没有惩罚的教育",全力保护孩子的自尊。

——"决不允许热衷于那些'高效快速'的教学法,

因为那些教学法是把儿童的头脑当作能够无限储存信息的电子机器来使用。儿童是有生命的，他的大脑是最精密、最柔嫩的器官，我们应该小心翼翼地对待和爱护它。"

——教育要为孩子创造欢乐。他坚决反对"以苦代乐"，认为教育应当"刻苦而不痛苦"；因为要"促使孩子成为有教养的人，首先要让其获取欢乐、幸福及对世界的乐观主义感知"，从而使教育学真正获得人道主义性质。

——"拥有可以自由支配的时间，是个性发展的一个重要条件。""只有儿童、少年、青年按照自己的愿望（这种愿望当然需要培养）每天自由利用不少于五六个小时的课余时间，才能培养出聪明的、全面发展的人。如果做不到这一点，一切关于发展素质和爱好、培养能力和志向的议论都不过是空谈而已。"

苏霍姆林斯基的真正价值，就在于他超越了政治功利和意识形态标签，直抵教育的真谛，回归儿童，回归人性，培养正直和善良的人。正因为他坚持教育的人道主义、主张以学生为主体，坚持独立人格和自由思想，他成了一个"另类"。他获得了体制的最高荣誉，两次获得"列宁勋章"，成为苏联教育科学院通讯院士，还获得过"乌克兰加盟共和国功勋教师"的称号；但在苏联教育科学院，特别在苏共中央高层眼里,他是一个离经叛道的异己分子。这是一个令人震惊的事实:他的大部分著作在他生前都未能出版。

如今,历史早已为他"平反"。生前在苏联备受责难的苏霍姆林斯基,成为当之无愧的世界级教育家,也无可争议地成为对中国影响最大的前苏联教育家。2017年10月,联合国教科文组织公认苏霍姆林斯基为世界文化教育名人,2018年在不同国家举办了苏霍姆林斯基100周年诞辰的纪念活动。

值此千寻 Neverend 重新出版苏霍姆林斯基《给父母的建议》《给教师的建议》之际,以此文为序,以践行和发扬苏霍姆林斯基的思想,培养"真正的人""大写的人"。

杨东平
21世纪教育研究院理事长

Preface 自序

社会教育始于家庭

亲爱的父母们,最近两年来,我收到了成千上万封来信。虽然不能一一回复,可是,又不能不回复。当我打开装满一封封父母们写给我的信夹时,信的内容直击我的内心,字里行间都充满了辛酸、苦楚和悲伤。今天,又收到了九封来信,我在读着这些信的同时,也感受着他们的不幸和痛苦。不,不是他们的,如果我对这些来信熟视无睹,对他们的求助无动于衷,那么又有谁能帮助他们呢?

在一些信中,妈妈们讲述了她们对孩子的第一次担忧:儿子或女儿没有按自己想象的那样发展,这给整个家庭生活罩上了一层阴影。一个新西伯利亚的妈妈在来信中写道:"儿子现在上三年级,他在上小学前就学会了读和写,上一年级时还是优等生,可是,我现在感觉孩子对学习越来越不感兴趣了。看得出来,对他来说得3分还是5分都无所谓。这到底是怎么了?为什么会这样呢?不光是我们,周围的其他父母也都这样说。怎样才能提高孩子的学习兴趣呢?怎样能让一个男孩全身心扑在书本上,一直学到黎明(我认识一个这样的少年)?"

"我们对这样一个十三岁的儿子该怎么办呢?"一个来自沃尔日斯克的父亲在信中这样写道,"他很安静,很听话,还很和顺。可突然之间,就像爷爷说的那样:好像遭人诅咒了一样,不明不白就变得很粗鲁,总是跟我们对着来,我们的要求和告诫他全然不顾。这该怎么办才好?如果这样糟糕的情况在男孩身上继续迅速发展,那将会产生什么后果?"

在第三封信中,不再是担忧,而是痛苦和绝望。顿涅茨克的一位母亲写道:"我只有一个儿子,刚上九年级。而我就只是为他而活着的,我的整个身心都属于他,只要他幸福,我再苦再累也觉得是幸福的。我所做的一切,就是为了不让他感到有任何的缺失。然而,一天,儿子回到家对我说:'我已经三天没上学了。以后,我也不再去上学了。如果你要强迫我去上学,我就离家出走。'我一下子懵了,我不知所措,悲痛欲绝,眼泪禁不住夺眶而出,我开始好言相劝。儿子很生气,说:'我去工作,去赚钱,我会把你花在我身上的钱全部都还给你,以后我不想再看见你!'

我做了什么，以至于他如此对我？这简直就是往我心上捅刀子。我做错了什么吗？我可是只为他而活着的呀……"

在不同的述说中，重复着同样的悲剧：孩子们不再相信善良和人性，他们的心变得粗野而冰冷，我们听到的也是父亲母亲同样的呐喊：该怎么办啊？

当然，不止一封信如此，还有许多来自其他城市的一些父母，在信中痛苦地问我："下一步该怎么办？"这样的谈话总是很沉闷的，不过却是很坦诚的，就像那些毫无掩饰的成千上万的来信一样，使我确信，社会上的一些父母和将要建立家庭的年轻人，都急需一门"家长教育学"——《给父母的建议》。是的，就是这样一本关于家庭、婚姻的精神指南和教育孩子的书。《给父母的建议》一书应该成为我们每个人的案头书，应该用于专门的家长教育学校。此外，"家长教育学"也首先应该成为一门人类教育学科。

社会教育始于家庭。形象地说，如果把孩子比作一棵大树，这棵大树的扎根之地应在家庭，然后才会长出枝干，最终开花结果。学校教育的智慧是建立在健康的家庭精神道德之上的。

三十多年来，我坚持每天都与孩子们的父母见面。无论是在私下的交谈中，还是在家长学校的课堂上，父母提出的最尖锐、最迫切的问题就是"怎样……":怎样教育孩子?怎样维持父母之爱、温情和严格要求的和谐统一?怎样才能使孩子快乐和幸福?没有什么比父母的育人智慧更复杂的了,我一生都在努力探求这种智慧。如此,在我再三考虑之后,这本《给父母的建议》问世了。让它成为父母教育智慧宝库中的沧海一粟吧!这对我来说将是极大的幸福。

造就一个人,需要付出你们全部的精力,这是一项高强度的工程。这需要生活的智慧,生活的技巧,当然还有生活的艺术。

——〔苏〕B.A. 苏霍姆林斯基

目录 Contents

培养"为人父母"的责任,几乎要从摇篮里抓起　1

父母的公民道德责任　9

对自身道德品格的认识　16

如何让你在孩子心目中变得高大起来　20

保护好孩子灵魂深处高尚、美好、坚毅的信念　25

珍视爱的力量　29

家庭道德价值观　42

教孩子学会思考　50

没有惩罚的教育　59

父母的教育修养　67

79　如何运用父母的权威

88　精神依赖来自何处?

97　不要害怕温情

124　致《皮鞭下的教育》一信的作者

133　保护孩子心灵的纯洁

158　让我们的形象永驻孩子心中

192　寄语父亲们

201　孩子,我们生命的延续

214　重塑自我

245　译后记

培养"为人父母"的责任,几乎要从摇篮里抓起
——这就是问题的所在

母亲带着女儿来到学校。

这位母亲,与十多年前相比,几乎没什么变化。那时,她走到考桌前,抽出考签,虽没有做过充分的考前准备,却顺利地通过了考试——她先是出色地答出了所有的历史考题,接着,同样出色地通过了文学、数学、化学、物理考试。她曾是学校的骄傲。许多年过去了,如今她已是一位母亲,带着女儿来学前班报名。我想了解一些她的情况,她好像猜出了我的心事,说道:"我考上了大学,读完了大二,成绩也很好。可是命运却为我安排了另一种生活。我嫁了人,丈夫的工作又经常调动,我只好辍学。我们的婚姻只维持了半年,之后就分手了。当和别人谈起这件事时,他们要么是出于同情默默听我诉说,要么就是随便找些什么话来安慰我。哪知道,我既不需要同情,也不需要安慰。如今我只是非常恼恨那些在少年时代曾经教育过我们

的人。"

她叹了口气，不再说话。我觉得，她恼恨的，也正是这些年来一直让我困惑不安的问题，便问她："您是有什么委屈吗？"

"没人教过我怎样生活。要知道，我和丈夫分手，既不是因为我们对对方的失望，也不是因为人们常说的脾气合不来。不是的，我们只是不懂得生活。我们不知道怎么面对夫妻生活。我不知道，他也不知道。我们不懂得相亲相爱，而人与人之间的爱是一门大学问。我们简直想象不出夫妻相爱是个什么样，从来没人告诉过我们这方面的事，哪怕是试探着说一下都行，可是没有。我们没有学会相互尊重，不会设身处地为对方着想，不会相互忍让，也不会用理智来处理事情，不懂得珍惜生活。唉，学会珍惜生活，该有多重要啊！"

我和这位年轻的母亲交谈了很长时间。这次谈话就这样永久地留在了我的记忆中，留在了我的心中。现在，当我着手写这本《给父母的建议》的时候，我还在想，这本书的第一页到底在哪里呢？连第一页都没有，真要命，要盖房子了却没有地基！可不是吗，我们的学校的确没有教给学生最主要的东西——教他们怎么生活。我们教了几乎所有的东西，我们的学生知道许多有益的、必须知道的知识（当然也有一些不太实用的知识），比如，太阳由哪些物质组成，1立方厘米的星际空间有多少个原子，《汉穆拉比法典》中写入了哪些条文，什么是引力等等。可是应该怎样为将来成家过日子做准备，也就是说，怎样为人夫、为人妻，怎样为人父、为人母，他们却一无所知。无论是老师，还是家长，大家都没有考虑到这些，其实对一个人来说，最重要的应该是领悟生活的智慧——与人相处的智慧。

总的来说，我们都忘记了，任何一个刚出世的小生命还不能说成是一个人，要成为一个人需要经过培养教育才行。一旦这个小生命学会了思考和感受，他就会迫不及待地向往那口被称为人类幸福的井。每个人都渴望幸福，但并不是每个人都会努力去挖掘这口幸福之井，从而掘出新的源泉。让人遗憾的是，目前，学校的教育还没有安排这方面的课程，即在孩子的童年时代就教会他们挖掘幸福之泉。

假如，一位老师与八年级或是九年级的学生就"年轻家庭中的夫妻关系"问题进行讨论的话，那他很可能被视为另类。事实上，与年轻人谈论这个话题要比谈论亚述国王的陵墓或银河系中心更为重要。

你们当然也注意到了一个现象：在高中课堂上，只要一谈到爱情、婚姻、生儿育女之事（我指的是那些教学大纲中要求的、不可避免的文学作品），青春期男女生的脸上就会泛出调皮的笑意，并开始窃窃私语。这种现象，就像一面镜子，让我们看到这些高年级的孩子们对人生的重大问题，以及自己的未来所表现出的态度是多么轻率。我认为理想的状态是，当谈及爱情、婚姻、孩子的那一瞬间，不管是幼童，还是青春期少年，都应当像一个有文化的人遇见千年名胜古迹时那样，产生激情洋溢的感觉。作为长辈的我们，要学会在孩子们的少年时代就同他们谈论爱情、婚姻、生儿育女的事，教给他们什么是忠贞不渝等一些美好伟大的事情，与他们谈论死亡和内心的记忆。除非我们学会谈论和思考这些，否则不可能培养出拥有纯洁心灵和美好情感的孩子。这些方面的知识空白，最终会让孩子们付出眼泪和悲伤的代价。

在过去的十年中，我研究了二百对年轻夫妻离婚的原因，其中一百八十九对离异，正是由于新婚夫妇不懂得相互理解造成的。是啊，一对步入婚姻殿堂的青年男女，对婚姻生活中所必需的、复杂而微妙的夫妻之道却一窍不通。

没人跟他们说过这些,他们不知道该如何面对生活,在同一个屋顶下日复一日地过日子,不是几个小时的约会,而是一生一世都得面对彼此,这是一项无以类比的大事,既需要精神上的付出,也会有心理上的压力。为此,他们需要具备强大的精神素养和婚前知识,需要一所教给他们人生智慧的学校。

而这样的学校又不存在,似乎这也没什么奇怪的,就是没有。所以《给父母的建议》也就没有了第一页。如此,为了孩子的出生,一些年轻的父母虽然从精神上也做了准备,不过他们就像文盲一样,大字不识,却准备搞懂哲学理论。生活迫使我们对高中阶段的男女生开设有关家庭关系学、婚姻学以及生儿育女的早训课程,并且,上这门课的老师应该是一个精神内涵丰富、道德情操高尚的人。我们应该在这些未来父母的面前揭开一个毋庸置疑的事实真相,即婚姻生活的本质:婚姻生活意味着每时每刻与每一位家庭成员在思想、灵魂和情感上的碰撞,先是与你的另一半,接着是与你们的孩子。乍一看来,这似乎是一件不经意的生活小事,可这得用心、用脑才能处理得好。要知道,这是一件难度极大且微妙细腻的事情,也是考验父母亲和老师们智慧的事情。再说了,如果我们能对孩子们坦诚地启示生活的智慧，让他们明白其中的复杂性，将会帮助他们变得成熟、谨慎，那样，我们就不会再看到在现代多数的年轻人中所表现出来的肤浅观点和轻率举止了。

要是让我来负责高中生"家庭、婚姻、爱情、孩子"这门重要学科的编排的话，我会把人欲的修养问题放在第一位。支配婚姻生活的本领到底指的是什么？相爱的本领？相互尊重的本领？还是相互体谅的本领？首先，我们要学会掌握和支配自己的欲望，学会为自己的家庭、父母、子女的利益而牺牲部分个人的欲望，学会控制和约束自己的欲望。我们生活的世界，是一个人欲横流的空间，只有那个能够成为自己欲望主人的人，才是快乐的人。请记住这一点，亲爱的父母们，把这些教给你们的孩子。

那些被卷入婚变旋涡之中的人，首先是那些以自我为中心的个人主义者，个人欲望高于一切的年轻人。亲爱的父母们，要把深藏在我们智慧中的"在年轻家庭中如何协调个人欲望"那一页传授给我们的孩子。当翻开这页，看着上面的文字时，我们就要分析一下，在一个年轻家庭中可能会发生什么？要以具有启发性的例子来为他们解释：人的欲望来自何处？其中哪些可以得到满足，在什么情况下可以得到满足？哪些是应该被约束的？如何让自己的欲望服从于家庭的利益？年轻父母不懂得夫妻之道，常常像孩子一样无助、无能、无经验，我认为这样的说法一点儿都不夸张。当然，这很遗憾，事实是他们的确需要帮助，就像帮助小孩子那样去帮助他们。还有，更让人悲哀的是，当这些"巨婴"再生出幼婴时，无论是对社会，还是对自己的小孩都是件极为麻烦的事情，因为他们本身的精神和心理发育还仍处于孩童阶段。

我们的学校已经开设了"家庭、婚姻、爱情、孩子"的课程。这几年来，我们一直都在培训青年男女，为他们如何成家过日子做心理培训，让他们懂得人际关系学是什么，如何养育自己的孩子。当然，高中课程中并没有为这门重要的学科安排课时，在这种情况下进行教学并不是一件容易的事。可是不管困难有多大，我们都要想办法克服。因为，就算这门课谈不上是最重要的，可它的重要性也不亚于数学、物理和化学。你想想看：不是每个人都一定会成为物理学家和数学家，但他们都有可能成为丈夫、妻子、父亲、母亲，不是吗？

请不要误会，好像我是在贬低数学和其他自然科学的地位。其实不然，如果没有这些学科的知识，人类就不可能跨入科学的大门。不过，关于人的知识毕竟更为重要。

如果不是现在,那也会是在未来,人际关系学将会在中学课程中占据首要位置,因为我们毕竟生活在一个人本时代。亲爱的父母们,来教育咱们的孩子吧!让他们为未来成为父母而做好精神准备吧!

怎样让这些未来的父亲、母亲做好精神准备呢?对此又如何理解呢?答案就是培养他们的责任心,责任!责任!责任!一个人在行使自己职责的时候,其本性的暴露最为明显。一个人要为另一个人承担责任——我们就是要营造这样一个环境,让一个刚刚来到这个世界上的小生命在这样的育人环境中成长,让他们成为有价值的人,无愧于"人"这个崇高的称谓。

父母的公民道德责任

为人父母的感受很难用言语来表达,只有已身为父母的人才能充分理解。我还记得我们学校发生过的一件令人激动的事。一对年轻夫妇,他们都是老师,婚后很长一段时间内都没有孩子。十多年过去了,他们俩一直都在期盼着,期盼着为人父母的那份幸福,他们盼到几乎失望,不再相信这份幸福还会降临到自己身上。然而让人意外的是,这位年轻老师却怀孕了。她高兴得眼泪都掉下来了,在教师办公室里与大家分享了这份喜悦,先是分享给女教师们,女教师们又分享给了男教师们。人人都为她高兴,祝贺她。孩子出生了,当年轻的父亲把妻儿从产院接回家时,他感到无比幸福和激动,他抱着宝宝来到了学校。他想说点儿什么,可是却禁不住流下了眼泪,他激动地哭了。稍作平静后他说道:"从听到孩子哭声的那一刻起,我就感觉自己完全变了一个人。他是我身体的一部分,那种感觉就好像他就是我的第二颗心,就是我的第二意识。"在后来的日子里,他在教室里上课时,都会讲述他的故事。现在,他完全以一种不同的态度看待孩子们,看待他的学生们——"每个孩子的痛苦都变成了我自己的痛苦"。

父亲们,母亲们,回味一下这些话吧!随着孩子的出生,我们的心也随之而动。对于人类来说,作为一个创造者,没有比成为父母更圣洁的使命了。从那个你们创造出的小生命开始呼吸,微微睁开双眼,来认识这个陌生世界的那一刻起,你们就肩负了重大的责任:你们看到孩子的每个瞬间,便是看到了自己。在养育孩子的同时,你们也在进行自我修行,进而完善自己的人格。

世上的行业千百万:有架桥修路的,有盖房造屋的,有种田产粮的,有治病救人的,还有量身裁衣让他人着装得体的。但有一个职业,是最普遍、最复杂、最崇高的,也是唯一适合于每个人的,并且在每个家庭中都是以独一无二的形态存在的,它就是孕育人类。

此项工程的一个显著特征就是,人们在完成它的过程中会得到无与伦比的幸福。父母在延续着生命的同时,也在孩子身上看到了自己,但从孩子身上究竟能觉察到多少自我的再现,要看你们对孩子的未来所承担的那份道德责任有多大。这项育人工程的每时每刻,都是在塑造未来,展望未来。

整个教育过程就是社会教育和家庭教育的有机融合。我认为,这种交融也涵盖了人类幸福的和谐。如果你们真的希望在这个地球上留下点儿什么,不一定非要成为一位著名的作家或者杰出的科学家,宇宙飞船的发明者或是元素周期表上哪个新元素的发现者。你们可以培养出色的孩子,他们可能是好公民、好职员、好儿女,最终成为好父母,这样你们也同样可以确立自己在社会中的地位。

造就一个人,需要付出你们全部的精力,这是一项高强度的工程。这需要生活的智慧,生活的技巧,当然还有生活的艺术。孩子不仅仅是幸福的源泉,更是你们用劳动付出换来的幸福。请不要忘记,你是那个怀揣激情,在殷切期盼与心爱之人相会的年轻人;你是那个开始咿呀学语宝宝的年轻父亲;你是那个被天伦之乐与生活烦恼磨炼得越发老练、越发睿智的中年人;你是孩子们的父亲、母亲,孙子们的祖父、祖母。你要知道,为人父母的幸福并非自天而降,它不会像节日的嘉宾,在你们婚后的日子里翩翩而至。获得幸福的过程是一个饱经磨难的历程,它只光顾那些不怕寂寞、不畏艰辛、长年累月默默付出的人。造就一个人,难就难在它需要理性与感性的结合,智慧与爱心的倾注，还需要一定的方式方法。如果只顾眼前的享乐，那么孩子的未来就会使你担忧。哪里没有父母明智的管教能力，哪里的幸福就会渺无踪影。

我想起了一件让人难过的事：

我们小区住着一个非常善良的人，人很好，很受大家敬重，他是一个联合收割机能手，叫伊万·菲利波维奇。由于工作很勤奋，他被授予了劳动勋章奖。他的照片常常见诸报端，甚至有一次在路边都立了一个摆着他照片的展台，上面写着："伊万·菲利波维奇是大家学习的榜样。"伊万·菲利波维奇有一个儿子，也叫伊万。他和妻子都非常爱这个独生子，可他们对孩子的爱是不理性的：他们会满足伊万西克（伊万的乳名）的所有要求，会给孩子买所有他想要的东西（他们叫儿子的乳名一直叫到他十四岁）。儿子一直都被笼罩在父亲的光环之中，无忧无虑地成长，长成了一个巨婴。他想得到的，都会轻而易举地得到。可是你知道吗？一个人在青少年时期越是被浸泡在快乐和幸福之中，成年后就越难体会到什么是真正的幸福。

亲爱的父母们，是该考虑一下这种教育现象的时候了。伊万西克的老师曾多次约伊万·菲利波维奇到学校去谈谈，可他总是没有时间，不是在农庄开会，就是被邀去交流经验，要不就是到附近的农庄去检查什么竞赛协议。直到有一天发生了一件不愉快的事：伊万打伤了一个女同学，不得不请医生到学校来帮忙处理女孩的伤。校方派人去找伊万·菲利波维奇："伊万·菲利波维奇，快去学校一下吧！您儿子出事了。""什么事？"父亲焦急地问。来人告诉他发生了什么。他顿时松了一口气，说："我还以为伊万怎么了呢！我现在没有时间去学校。我得去参加一个会议。"

到了晚上，学校还是想办法约到了伊万·菲利波维奇。听老师讲完让人难以平静的事情经过后，他一言没发。回家后，他气急败坏地揍了儿子一顿，气愤地大声吼道："以后再也不要让学校找我了！"第二天，伊万西克到田地里，捏了两小撮泥巴，涂在了照片里父亲的双眼上。这时的伊万·菲利波维奇明白了，教育是一个心脑并用的细活。明白是明白了，可是已经太晚了。这个活生生的故事的确值得我们深思，不管是对你摇篮中的儿子，还是对闺房待嫁的女儿都是有益的。

最近，我收到了一位乌拉尔劳模的来信。信中写道："我被授予了劳动奖章。大家都为我高兴，家中充满了欢乐。我上五年级的十二岁儿子也向我表示了祝贺——以离家出走的方式。这些日子对我来说可怕极了。我开始对我的所作所为进行反思，我都做了些什么？我到底是怎么生活的？最终我明白了：这不是儿子的错，而是我的错。我不知道这些年他是怎么过的。但在我看来，我唯一的功劳就是生下了他，之后却没有带给他一丝童年的快乐。并且，一旦他在学校有什么过失，就会遭到我的一顿毒打，他恨死我了。现在，我处在十字路口：如果我连人生最重要的事都没法处理好，那奖章、荣誉、他人的尊重对我还有什么意义？"

请仔细考虑一下，这字里行间充满心酸的教训吧！无论你们从事何种职业，也不论这种工作需要你承担多大的责任，有多复杂，又多么富有创造性，你们都应该知道，在家里，还有更需要你们承担的重任，还有更复杂、更细致的工作等着你们，那就是对孩子的教育。这不仅是你们最重要、最必要、最刻不容缓的工作，也是我们这个社会发展的大原则所要求的：人是世间最宝贵的产物。亲爱的父母们，我们每个人都必须明白，一个没有教养的人，一个道德蒙昧的人，一个不学无术的人，无异于一架在飞行中引擎受损的飞机：它不仅会自行坠落，并且还会造成他人的伤亡。

所以，如果学校找你们谈话，请你们一定要抽时间去一下，实在不行可以跟单位请个假。在我们这个州的村子里，据我所知，已经有十多个农庄都这么做了，如果一个父亲需要处理孩子教育上的问题，就会给他两周时间的假期来处理。话又说回来，一个人道德上的蒙昧和不学无术带给社会的危害，远比让一个父亲为了孩子的教育而请两周假（当然是无薪的）的损失要大得多，更何况他还会利用这段时间真正地去思考，去反省自己。

我曾问过农庄的负责人："这样做带给农庄的损失大吗？划算吗？"他答道："直接损失倒是没有，反正那些不得不为孩子的教育而休假的倒霉父亲也没有薪水。间接损失倒还是有一点儿，整个农庄全年的损失也不过一百卢布。不过，对一个社会来说，损失一百卢布总比损失一个人才要好吧。"

对自身道德品格的认识

据媒体报道,莫斯科每个月都会举办几千场婚礼。这是好事啊!不过,我还是很希望每个步入婚姻殿堂的年轻人,都能够审视一下自己是否做好了养育孩子的准备。作为年轻人,一个未来的父亲或母亲,一定会问:"怎么,要是没准备好呢?就不结婚了吗?"不,这是人生之路上微妙的一节,没必要对这个问题作出断然的回答。在人的一生中,自我完善总是有着极大意义的。能够积极进行自我修炼的人,完全可以成为一个有教养的人。

年轻人,从你有了结婚念头的那一刻起,对自己精神世界的了解,对自己灵魂的认识就变得尤为重要。还有,婚后生活中如何处理与妻子的关系,如何抚养孩子,这本是一朵花上的两片花瓣。别忘了,你这个未来的父亲,别忘了,你是妻子将在几天后就要到产院的年轻人,要知道,身为人父的快乐,就如同一位园丁在经历了年复一年、不分昼夜的辛勤劳动后,终于看到了自己小心翼翼呵护的那棵小树结出了果实，这是劳动的成果，这是发自内心的快乐。养育孩子是一种非同寻常的心力奉献，一种精神力量的付出。我们是用爱的力量来成就一个人的，是依靠父母的爱、人格的尊严和人性美的坚定信念来完成的。

我一眼就能看出，那个在父母情深、相濡以沫的氛围中长大的孩子。这样的孩子具有平和宁静的心态，刚强坚毅的健康心理，对人性美保持着真诚的信念，听从老师的教诲，他们对影响人类灵魂的细微言行都有着极强的敏锐感，比如，良言善语和美好的事物。

年轻人，请审视一下自己吧：你是否能够真正地去爱他人，把你的心力和精力都花在他们身上？如果没有这种能力，所有的父母教育都将成为一场空谈。请记住，你要想教育自己的孩子，首先要真心诚意地去爱你的妻子。真正的爱，就是付出，就是精力的投入，看到你倾注的那份心血带给他人的利好。一个好丈夫是用爱来为自己家人营造幸福的，而这种爱，就像沐浴着玫瑰花朵的和煦阳光，若是放在孩子们身上，将会孕育出美好的道德情操。

爱自己的妻子，就意味着要尊重她，珍爱她，甚至宠爱她。是的，不要怯于"宠爱"这个字眼，并且，还要坚信她是世界上最好的女人，因为她是你的妻子，孩子的母亲。

亲爱的父亲们，上面这些词被我用在这本书中，也许你们会觉得有点儿怪。你们也许会觉得：这与养育子女有什么关系？告诉你们，有关系，有直接的关系。夫妻间彼此的信任，忠贞不渝的感情，互助互爱的奉献精神是滋养父母智慧之树的涓涓细流。

因此，请你们审视一下自己，未来的父亲们，你们是否有足够的精神力量来完成这项并不轻松的任务：一生一世去爱自己的妻子。

怎么审视自己？怎么去爱？对你最大的威胁就是灵魂的麻木不仁。你要内省，看自己身上是否有这种因子。如果有，不要紧，尽早铲除掉它，不要给它生根发芽的机会。这种灵魂的麻木不仁就是对人的冷漠。你漫步在一个繁华都市的街道上，看到熙熙攘攘的人群中有一个两眼充满惶恐和绝望的人。你瞥到了世上这双非同寻常的眼睛，然而，这却没有带给你心灵上的共鸣，你没有想到自己面前这个人的痛苦，你没有想到，或许这个人的整个精神世界就要崩溃了，毕竟每个人的内心深处都是一个独特的世界。你若没有觉察到他的世界，就说明你患有早期的灵魂麻木症。你要及早控制住这种病症！要关注自己身边发生的一切，学会觉察和体谅他人;请随时记着,你周围的一切,最主要的是人;人是一个复杂的多面体,既有欢乐也有悲伤。如果你在一开始就无法控制这种病症,你将无法去关爱妻子,因此,也就无法恰当地教育自己的孩子。

如何让你在孩子心目中变得高大起来

家庭是我们这个社会中经济、道德、精神、心理、审美等多种人际关系的基本单位。

让我们来看一下下面这个家庭的命运:

年轻的农艺师尼古拉·彼得罗维奇和农场女工玛丽亚在组建家庭后,起初的日子过得既轻松又愉快。他们在父母的帮助下盖了一座石砌房子,还在自家的土地上种了葡萄,建了养蜂场,他们还弄到了稀有的苹果树和梨树苗种。拥有花园和葡萄园的尼古拉·彼得罗维奇的宅院显然是一片安静舒适的小天地。然而,随着时间的流逝,这座宅院的主人越发贪婪、吝啬,这座房子里的气氛也开始变得沉闷而阴郁,他家的院墙也越围越高,整个庄园被围得严严实实。从早春到深秋,他都是在花园里过夜的,因为他总是担心有人会去摘他家的花呀、苹果呀或是葡萄什么的。他这样做的目的只有一个,就是把这些收成全部拿到市场上去卖几个钱而已。尼古拉·彼得罗维奇的妻子玛丽亚要他留下一点儿给自己吃,可他根本不理会。他在房子周围筑了石窖,建了板棚,为了浇灌花园和菜园,还安装了电气浇灌设备。他弄到了几乎在市面上看不到的西红柿品种,种在自家菜园里,当然也是为了卖几个钱。为了赚到更多的钱,他还在花园里搭建了温室,不光种了早熟的西红柿,还种了花。

尼古拉·彼得罗维奇和玛丽亚有一个独生女,叫奥克萨娜。父亲从不让她带小伙伴们到她家里来玩。

奥克萨娜从学校毕业后,在乳制品厂谋到一个实验室助理的职位,后来,一个年轻的机工爱上了她。有一次,两个年轻人趁父亲不注意,偷偷地溜进了那个被白雪覆盖的花园,温室是开着的,她小心翼翼地摘了几朵花送给了心爱的小伙子。这时,父亲突然闯了进来,怒气冲冲地盯着温室里的女儿和年轻人,一把夺过了鲜花……

"我的脚不会再跨进这个破家一步!"奥克萨娜伤心地说,"您,一个父亲,竟然想让自己的女儿也变成一个无情无义的人,您残暴地剥夺了我的童年,您冷酷无情!"

奥克萨娜离开了父母,几年后她母亲也离开了丈夫,找女儿去了。尼古拉·彼得罗维奇就只好独守着他的那些"珍宝"。可见,如果幸福是基于卑劣的贪欲之上的话,它就会变为幻影和祸患。

你拥有的东西只有对他人有益的时候才是好事。亲爱的父母们,我们需要从中获取什么样的教训呢?一定要懂得营造一个宁静祥和的家庭环境。我们这个社会最高的准则是:一切为了人类,一切为了人类的幸福。这并非抽象的真理,这是我们能有缘与那个关系最亲密的人相处的准绳。这个准则同样也适用于与父母、亲人之间的相处。

一天,一个学生的父亲来找我,抱怨说:"对这个五年级的儿子,我该怎么办呢?他不但变得顽皮,还学会了撒谎和偷懒。这不,就在最近,本应参加的周日少先队员植树活动,他竟撒谎说自己病了,跑去踢足球了。"最让这个父亲担心的是:一个青春期少年只是为自己活着,他的内心变得冷漠,目光让人捉摸不透。我听完这个父亲的抱怨,问道:"是否可以允许我以一个父亲的身份来与您坦诚交谈呢?""当然可以。"他同意了。

然后我说:"您为什么让您的老母亲住在一个小暗室里呢?为什么把她老人家与家人隔开呢?甚至包括您自己和她的孙子。你们为什么不让她与你们同桌共餐呢?老母亲那间暗室唯一的一扇窗户,玻璃还是破裂的,难道你们就看不见吗?就这样,您还指望您的儿子是一个有团队精神的人吗？还在他面前高谈什么团队义务，什么少先队员应该关心祖国利益吗？不要忘记，这些为'爱国大树'提供养分的纤纤根须，就是您儿子在成长道路上的点点滴滴，比如，从园子里摘一个熟透的苹果递给祖母，手捧一束新鲜的玫瑰送到祖母手里，双手端一杯甘甜的泉水放在老人面前，早晚为她整理床铺，等等。"

在孩子的心目中树立一个高大的形象吧！这亟须你们的努力，尽量让孩子看到你们为人类幸福的硕果而付出的辛劳，让他们领悟到你们生命中崇高理想的一面。

我这里还有一个故事，想和大家分享一下：

村里来了一位年轻的老师，刚大学毕业，有一次他去农场讲课，认识了一个女孩，她金发碧眼，皮肤白皙，美若天仙。女孩诉说了自己的家运：父亲在战场上牺牲了，母亲重病，她不得不在五年级的时候退学到农场去干活。这位年轻的老师爱上了这个女孩，就向她求婚，可这个女孩坚决不肯，说："您大学毕业，而我……"然而，这个年轻人并没有却步。为了自己的梦想，也为了这个天仙般的女孩，他做出了一个决定：帮助这个女孩完成中学学业。三年多的时间，在漫长的冬夜里，他们一起深钻课本知识。女孩本也聪颖好学，他们就这样坚持不懈，最终她通过了高考，考上了一所医学院。直到这时，她才同意嫁给那个年轻教师。毕业后她成了一名医生。他们的婚后生活很幸福，还育有五子。

他们的孩子个个都很优秀，为人和善、待人真诚、体贴父母、关心他人、勤奋上进。每当看着这些孩子时，特别引人注意的是，他们会自觉地尽量不给父母带来痛苦、焦虑和悲伤，只希望为父母带来幸福。要知道，这都是父母彼此关怀、相濡以沫、深情以待所致。我们作为父母，应该始终牢记这一点：对孩子的教育，首先来自我们的言传身教，在对孩子的教育中，良好的夫妻关系至关重要。

保护好孩子灵魂深处高尚、美好、坚毅的信念

这个开放的世界让孩子们大开眼界。他们会从中认识到很多新鲜的事物,对他们来说一切都是新鲜的,所有的东西都会使他们感到兴奋:洒进房间里的明媚阳光,伊瓦西克·特列西克[1]的童话故事,色彩斑斓的蝴蝶,地平线上遥远的森林,天空中的白云和祖父的白发。可是在孩子们面前还有另外一个世界:人的世界。孩子们是从哪里开始认识这个世界的?是从母亲甜蜜的微笑中,从和缓轻柔的摇篮曲中,从母亲慈祥的眼神里和温暖的双手中。如果世界能像母亲温柔的目光一样,始终注视着孩子们的心灵,如果孩子们面对以后的人生道路上遇到的一切,都像慈祥的母亲那样有着和蔼可亲的态度,那么世界上就不会再有

---

[1] 乌克兰民间童话故事,讲一对善良的夫妻,一生无子女,老婆婆思子心切,抱来一块木头当孩子来养,结果精诚所至,木变为子,夫妻俩给孩子取名为伊瓦西克·特列西克。伊瓦西克·特列西克聪明勇敢,最终战胜了森林老巫。——译者注

悲剧发生。我的意思是,我们的社会大家庭就不会再有作恶、犯罪等社会问题。

如此,孩子从父母那里,从母亲对他的称呼上,从父亲对母亲的态度上来逐渐认识人的世界。由此,孩子心中就形成了第一个关于善与恶的思想和观念。

在一个良好的家庭环境里,父母关系一定是融洽的,对彼此的言语、思想、情感和眼神都能很好地理解,对极其细微的情绪变化也都能觉察到。父母之间和睦友善、互助互爱、精神默契、慷慨、相互信任、相互尊重,这样的关系带给孩子的是:他确信世间的美好,内心安静而平和,对一切不道德、反社会的现象都不妥协。而孩子的这种信念一旦被摧毁,悲伤和痛苦就会占据孩子的心灵。不管是对孩子、家庭和学校来说,还是对社会生活的道德完美性来说,没有什么比摧毁信念带给孩子的苦难与不幸更危险了。

这让我想起了尼古拉·普罗霍连科多舛的命运。我一听到"孩子的伤痛"一词,他的身影就会浮现在我的面前:他的父亲要弃家而去,小尼古拉带着痛苦和哀求的眼神,来到父亲跟前,问道:"爸爸,你什么时候还来看我啊?我多想你能来……"在九岁之前,尼古拉只看到了父母之间美好的一面。父亲帮母亲做家务，晚上与儿子坐在桌旁，画鸟呀、小动物呀什么的，再不就是画一些奇思异想出来的玩意儿。在父亲当司机的那段时间，夏天常常带他去短途旅行。这给孩子带来了多少欢乐啊！

然而一切都来得突然。父母一下子变得像一对陌生人，他们同桌共餐却不对视，都低着头，生怕目光相遇。接着，最坏的事情发生了：父亲不再回家。母亲告诉儿子："现在我们要过没有父亲的日子了。"这简直就是当头一棒，对孩子来说是无法接受的。而对学校来说，教育这样的孩子真的是难上加难。这需要你不仅是一位老师，而且还必须是一位心理医生，为他疗愈心灵的伤痛。对于一个失去高尚情操、美好理想，以及坚强信念的孩子来说，为了让他能够重新树立起对人世间真、善、美的信念，需要我们投入更大的精力。

尼古拉·普罗霍连科家中发生的事情并非偶然。那些不能或是不会将人的情感和情操提升到一定高度的父母，就只有播撒不幸，收获罪恶了。

还有另外一种情况是，孩子们对美好的信念并没有像尼古拉那样被摧毁，可是他们却变得不听话了，父亲抱怨说，他说过的那些良言、忠告，孩子根本就听不进去。对于这种情况,亲爱的父母们,请审视一下你们自己。在你们夫妇之间是否不经意地出现了什么小摩擦。家家有本难念的经,这些小摩擦可能就是造成你们精神心理和道德审美上出现沟沟坎坎的那些细枝末节。比如,你完全顾及不到另一个与自己朝夕相处的人,而表现出的漠不关心;彼此发泄的不满情绪;还有就是精神生活上的互不相容,两人原本打算要好好过一辈子的,却没想到在短短几年内就已精神疲惫,彼此厌倦。

如果要保护你们的家庭生活免遭这些沟沟坎坎的伤害,那就要为你们的家庭生活创造巨大的无价之宝——互爱。这就是说,要营造一个最适宜养育孩子的微环境。

珍视爱的力量

要学会珍惜和尊重对方,并不断增进和完善你们的爱情生活,这是人们生活中最微妙也最反复无常、最温柔也最刚强、最脆弱也最坚固、最充满智慧也最宝贵的精神财富。

关于这种财富,人们已经写了千万的诗篇来赞美它,创作了数百万的歌曲来歌颂它。亲爱的父母们,我想与你们一起来关注一下,平日很少提及的爱的另一面:爱,就像一位感情细腻、善解人意的幼儿园阿姨。

在我记忆的苍穹里有一颗璀璨的恒星,那就是对尼古拉·菲利波维奇一生的回忆:

他是一个优秀的医生,一个感情细腻的人。他在第聂伯河大村庄工作了四十二年。他的妻子玛丽亚为他生了六个孩子——三个儿子和三个女儿。有时候,尼古拉·菲利波维奇做完复杂的手术,拖着疲惫不堪的身子回到家后,玛丽亚就会说:"过来躺一会儿吧,在这葡萄架下的凉亭里休息一下，没有什么工作比你的工作更耗人精力了。"他总是笑着说："不，世上最辛苦的工作是做母亲，最辛苦，最耗费精力，也是最光荣的。我只不过是帮助那些处于病痛中的人们，而你可是做着造福人类的事业。"

回想着尼古拉·菲利波维奇的一生，我就在想：他的一生才真正体现出了人类的精神财富——爱。

夏日的拂晓，为子女们日夜操劳的玛丽亚和孩子们还在梦乡中，尼古拉·菲利波维奇为了不惊醒妻子和孩子们，就悄悄下床到花园里，小心翼翼地剪下清香弥漫的玫瑰花带到卧室，轻轻插到妻子床头柜上的木质花瓶里。这只木质花瓶是尼古拉·菲利波维奇在婚后的第一年用一块整木亲手雕凿出来的，足足花了几个月的时间，看上去就像枫叶一样。此时的玛丽亚似睡非睡，蒙眬中听到了尼古拉·菲利波维奇轻缓的脚步，一股浓烈的玫瑰香味沁入心脾，她已无法入睡，她幸福地躺着，眼睛睁开又闭上，半个多小时都享受在浓浓的爱意之中。

就这样，数年如一日，每天清晨他都重复着一件事——剪花插花。尼古拉·菲利波维奇还建了一个小温室，专门用于养花；不管是在严寒的冬日，还是寒风瑟瑟的秋日，或是寒气逼人的早春，他都会在每天的这个时间进入温室，剪下鲜嫩芳香的花朵，送给自己亲爱的妻子。孩子们也一个接一个地长大了。长大的孩子们也同父亲一样，黎明时分和父亲一同起床下地，重复着父亲的举动。妈妈床头的花瓶里先是两朵，接着是三朵，然后是四朵、五朵、六朵、七朵玫瑰……

尼古拉·菲利波维奇去世了。儿女们分散在祖国的各个角落，母亲玛丽亚至今仍住在第聂伯河大村庄。无论儿女们离她多远，每年母亲生日这天他们都会如期而至。这时的木质花瓶里就会有七朵鲜艳夺目的玫瑰出现，其中六朵是来自孩子们的，而另一朵是来自父亲的，当然是象征性的。母亲玛丽亚没法和她的某个孩子一起住，因为，如果她一旦把这份特权给了其中一个，就会大大得罪其他几个。

每当谈到如何教育孩子的问题时，我总是在想：爱，在孩子的教育中有着多么不可估量的力量。那个穷其一生让自己宝贵的精神财富倍增的人，同时也是能够修己育子的人。正如列夫·托尔斯泰所说，养育子女，实质上就是修炼自己。自我修炼是父母影响子女最强有力的方法。

亲爱的父母们，还有那些准备跨入家庭生活的青年男女们！这就是为什么今天我们要谈论爱情这个话题，因为这也是神圣的教育话题。关于爱情，我必须再三强调，它不仅是人类幸福与快乐最清纯的源泉，它在带给我们幸福、快乐生活的同时，也带来了最艰巨、最复杂、最需对他人应尽的那份责任，也就是婚姻生活这个永恒的责任。伏尔泰曾说：婚姻带给我们的，要么是最大的幸福，要么是最大的不幸。如果你有一个美满的婚姻，你的生活就是人间天堂。你如果明白婚姻生活中的全部困难，就是必须要担负责任，必须全身心地付出，必须懂得理性与感性的妥协，那么你们的婚姻就会是幸福的，你们的世界就会变成一片美好的天地，这可是需要巨大的付出和不懈的努力。亲爱的父母们，这种付出可称得上是人类的爱情工程。

在这项细腻而微妙的工程之中，也涵盖了养育孩子的智慧。尽管爱情是基于两个人的相互吸引，但如果没有人性的欲望与原始本能推进的话，它的结合是无法想象的。然而，如果仅仅是人性的欲望和原始的本能将你们推向了婚姻的殿堂，那么用不了多久，恋人的感觉就会荡然无存，因为这不是真正的爱情。真正的爱情是心灵与肉体、智慧与理想、幸福与责任的融合。

维系这根爱情红线的全部，就只有付出，付出，还是付出。极其用心地、不知疲倦地为你们这些父母亲精神财富的创造而付出。

生活中我们经常会遇到这样的情况，大人们建议一对坠入爱河的青年男女要多仔细观察和了解对方。然而得到的回答是：不用，我们对自己的爱情充满信心，我们的爱是永恒的。结果，他们结婚了，几个月过后，她怀孕了，而这时，年轻的丈夫打起了另外一个女孩的主意，他突然觉得，他并不爱自己的妻子。看吧，又是一个离异家庭，对社会来说，又增加了一个悲剧，而对于一个尚未出生的婴儿来说，却是一生的痛苦。为什么会发生这种事呢？应该怎么做才能避免类似的情况发生呢？应该如何教育年轻人呢？

重要的是，不仅要教育他人，自己也要接受教育。我们的年轻人之间根本就没有爱的存在，现在没有，以前也没有过。他们只是把享乐的渴望误以为是爱情。他们的婚姻中缺少主要的内涵，即身心的付出。这一点从本质上来说，就是将他们自身的精神力量投入到另一半身上，从而让另一半的品质更加优秀，精神更加富有，生活更加幸福。这其中最主要的是更加幸福。当一对年轻的夫妻能够为对方创造幸福，能够在平日的生活中相互关照，且有最微妙、最强大的人类宝贵财富做支撑时，爱情就会恒久。那时，就不会突然发现别的异性比自己的另一半更好。更何况，我们现在谈论的是爱情和婚姻，这压根就不能作什么比较，不能说这个更好些，那个更糟些，要知道每个人都是独特的。随着一个新生命的诞生，一个崭新的世界也就诞生了。当一个母亲生下孩子时，她作为妻子和母亲的双重身份所带来的那份独特性在她美好的人性中将倍加凸显。要知道，这种独一无二的优秀品质是用我们不知疲倦的付出换来的。乌克兰有一种古老的智慧：一个优秀的丈夫不会有差劲儿的妻子，你的妻子就是清澈的井水，当你向井里看时，你看到的自己正是你妻子的化身。

人类最微妙，也最强大的精神财富，就是爱，这种爱就像美妙的音乐，用到孩子身上能起到征服灵魂的作用。这种财富常常不断地调拨着孩子的心弦，使之对言语、善意、感情和真诚的敏锐性越发强烈。谁的童年一直沐浴在爱的阳光之中，谁就会为他人营造幸福，他会对父母的话语和善意、忠告和警告，以及交代的事情和临行的嘱咐表现出非同一般的敏锐性和领悟性。

在尼古拉·菲利波维奇的家中有一个规矩：当一家人吃完饭后，所有的孩子（孩子们之间的年龄相隔不算大，最年长的和最年幼的相差也不过九岁）都得收拾餐桌并洗涮餐具。有一次，一家人在院子里的梨树下用完餐后，最小的六岁女儿忘记了自己应该做的事。母亲什么也没说，只是责怪地摇了摇头，就去干本属于小女儿干的活了。这时，小女儿却哭了，因为她感到自己的良心受到了强烈的谴责。

可是，到底该如何既能提高自己，又能教育孩子呢？

如果要在如此丰富的词汇中选择一个词来表达人类之爱的话，我就要选择能够表达出对爱不知疲倦付出的那个词，它就是"责任"。一个人为另一个人所担负责任的美德就是爱的教育力量；爱，就是用心去感受他人最细微的精神需求。这种用心去感受他人的能力是孩子从父母那里得到的，不需要任何言语和解释，只需要父母以身作则。尼古拉·菲利波维奇并没有要求孩子们早上像他一样早早起床，也没有让女儿们给妈妈一大早就送上像女儿们说的那种"黎明之花"。他每天去花园或是温室采摘鲜花插到妻子床前的举动，并没有费什么力就让孩子们注意到了。早上，孩子们还在酣睡之中，就蒙眬感觉到：父亲在做什么？父亲所做这些是为了什么？他带着一种怎样的情感，这些情感又带给了母亲什么感受？孩子们渐渐地从父亲那里明白了一个道理，如何为对方营造幸福的氛围；当你带给别人幸福的同时，自己的幸福感也会倍增。他们也想这么做，他们不仅做了，而且做得还很好，他们带给母亲的是身心的愉悦。

对于母亲来说，这束"黎明之花"简直就是人性美的巅峰之作，这是尼古拉·菲利波维奇一家不辞辛苦的付出所创造出的精神财富。要走向这座巅峰，需要经历布满石子儿和荆棘的小径。抚养六个孩子，这需要母亲付出巨大的体力和精力。可以说，父亲对母亲的辛勤付出持一种什么态度，孩子们都能从他日常生活中的一举一动里深深感受到。尤其是父亲的细心和体贴，他深感母亲的艰辛，并且还非常了解母亲在什么时候需要什么样的帮助，这一切使孩子们很感动。伟大先贤列夫·托尔斯泰曾说过：一个人在培养这种知人善解能力的同时，也是在自我完善，这是最佳的、最直观的榜样。在年幼的孩子们眼中，当家中年轻的父亲总是不断地在培养自己体贴、关心家人的能力时，妻子操心的琐事也就渐渐变成了他自己的事了，家庭就成了一所对孩子进行情感和道德教育的学校。似乎没有人特意去教这些孩子不要对人漠不关心，然而他们却非常体贴、热心、友善、细心。他们的这种体贴之心是在父亲的自我完善过程中被熏陶出来的。

爱，是人类精神财富的无价之宝，同时这种财富也在不断地发生变化。爱不是一颗光泽几十年都不变的钻石，而只是一颗宝石，由于色彩的自然变化现象，使得它的色泽每年、甚至每个月都在发生变化，然而最令人感到惊讶的是，谁成为这块宝石的拥有者，谁就能主宰它的色泽。要学会做一位魔法师，用自己的智慧，采用绝顶的技艺使宝石的色泽一生都璀璨夺目。爱的教育力量就取决于这种技艺，而婚姻的牢固性则取决于灵魂与肉体、思想与理想、幸福与责任的结合。转瞬即逝的爱恋充满了激情，可是，如果除了激情之外，婚姻没有任何别的支撑物使其延续下去，那么爱情这块瑰宝就会变得一文不值。你们的生活将从天堂堕入地狱，孩子们将遭受苦难，他们的性格会变得冷漠，他们对人生充满怀疑，对任何人都不再信任。在高尚的道德婚姻中，最初的激情之火是人一生中最宝贵的记忆，好似新生活折射出的光芒——为彼此营造幸福，一起养育孩子。

长期建立在崇高道德基础上的爱，在每个人的举手投足间都能表现出家庭人际关系的融洽，这首先是表现在夫妻关系上。一个人对妻子和母亲的态度就是对生命本源及生活的态度。对于女性而言，不论是妻子，还是母亲，首先她们是新生命的创造者，而当这一思想贯穿整个家庭生活时，孩子便以父母为榜样，首先是以父亲为榜样来学习，他们懂得珍惜生命，并将其视为世间无与伦比的珍宝。

教导孩子们珍惜生命是道德行为的根基，道德行为的根基又在于对人的同情、温情和关爱。我认识一个优秀的家庭：丈夫是拖拉机队的统计员，母亲是挤奶工。母亲的工作并不轻松，每周总有那么几天需要在早上六点就到农场工作，要是再做早餐，就必须在四点钟起床。丈夫不忍心让妻子这么辛苦，便四点起床，不但做早餐，还连带着把午餐也一块做好，先把妻子送去上班，然后再回来送孩子们去上学。

丈夫四点钟下班回来，孩子们都已经到家了，妻子还没有下班，父亲就与孩子们一起准备晚餐。父亲和孩子们会不约而同地想到：妈妈真不容易，今天又是一个紧张而忙碌的日子，我们要准备一顿美味的晚餐，我们将竭尽所能，好让下班回到家的妈妈能够得到身心的放松。孩子们做家务可不是闹着玩的，而是以这种方式来表达他们对亲爱的母亲的关爱。母亲每天都精力充沛、积极乐观，这就是为什么她总是儿女们的最爱。对人们来说，精神力量的投入是很珍贵的。如果你们，亲爱的母亲们，活在世上想成为子女们最亲最爱的人，那就在他们的内心创造一个丰富的精神世界吧！教会他们为你们创造幸福和喜悦。

孩子们能从内心深处，从微妙而又不起眼的琐事中，洞察到大家对一个女人的态度，而我喜欢把她们称为"人类的美丽之冠"。每当母亲还在紧张忙碌地工作时，父亲与孩子们准备好晚餐后，就会拿出一条干净的毛巾挂在洗手池边，等待母亲的归来。母亲是家中最辛劳的一位，在这条洁净的毛巾中蕴藏着对她辛勤劳作的尊重和人世间的美好，以及对生命的源泉的尊重。

这就是对爱的教育，既要完善自我，也要身体力行，用自己的行动去影响孩子。哪个家庭有一个自我完善的父亲，哪里就有上进的孩子。没有父亲的垂范，对孩子所有的教育都是空谈。没有父母鲜活的榜样，没有父母大爱的沐浴，不管是用什么方式表达出来的关心和尊重，都是空洞的。一个孩子只有在他看到这世间的美好，并被其吸引时，才能想到要成为这美好的一部分。在这个极其微妙的教育领域中，道德观念的形成仅建立于人们高尚的情感基础之上，而孩子的情感却是用父母的情感所激发出来的。

这是我的学生瓦利娅·科布扎莉在毕业典礼前夕讲给我的一段话，一个留在她记忆深处的童年经历：

我七岁那年，母亲得了一场重病。父亲每晚都坐在母亲的身边。这是封存在我记忆中的往事。记得有一次，也不知怎么回事，天还没亮我就醒了。这时，只见母亲喘着粗气，父亲俯着身子坐在她的身旁，一脸忧虑地注视着她，可以看得出他那难以忍受的悲伤和痛苦，以及无以名状的爱恋。顷刻之间，人生在我面前打开了它从未可知的一面——忠实。我觉得，正是从那天起，我才真正地爱上了我的父亲。

十多年过去了，父亲和母亲依旧相亲相爱地过着自己的日子。在这个世界上，他们是我最亲最爱的人。我以一种非同一般的感情深爱着我的父亲。我从来不会不听他的话或是对他撒谎。每当我看着他的眼睛时，我都会感受到那耀眼的熠熠光辉，那是伟大的爱之光芒。

亲爱的父母们，请你们想想这些话吧！我们的所作所为、言谈举止和情感体会能给孩子的内心留下什么？孩子又能记着我们哪些好处？我们将如何在他们心目中给自己树立一个高大的形象？这里，我要说：有一种强大的精神力量是无与伦比的,它是人类真正美好的形象,要让它在孩子们的灵魂深处烙下深深的印迹。这种力量就是人类巨大的精神财富——爱。让我们竭尽所能来创造这种财富吧。爱,存在于每个父母的心中,有了它,就有了教育孩子的资本。

家庭道德价值观

伟大的乌克兰诗人科特里亚雷夫斯基（I.P.Kotlyarevsky）在乌克兰民间教育中是这样完美地描述一个幸福理想的家庭的："家庭是一个充满和睦，洋溢着祥和与安宁的港湾，这里的每个人都心情舒畅，倍感幸福。"每当我琢磨"家庭和睦"这个词时，阿列克谢·马特维耶维奇一家就会浮现在我的面前。阿列克谢是我们农庄的一员，很受乡亲们敬重。他和妻子玛丽亚·米哈伊洛芙娜曾是我们学校的学生，现在他们的三个孩子也都在我们这里上学。

让学校老师们感动的是，这个家中父母与孩子们之间亲切、坦诚、直率的关系。这是每个想了解家长教育学秘密的人需要特别注意的一点，即人与人之间那份细微而暖心的体贴。玛丽卡从学校回到家，刚走到院里，母亲玛丽亚就从她的眼神中察觉到：女儿在学校可能遇到不如意的事了。

"孩子，告诉我，你这是怎么了？"

女儿告诉妈妈:"今天有一个代数测试,题很难,可能有一道题做错了。"还有,当祖母愁眉不展,静静地坐在窗前一言不发时,孩子们就会一个个地走过来,很焦急地问:"奶奶,您哪里不舒服?您需要点儿什么吗?"再就是,放学回家后,奥列西娅、彼特里克和玛丽卡总是稍微休息一下就坐下来完成学校留的作业。他们竭力做好家里所有的事情,这已成为他们最重要的家规之一了。

记得阿列克谢·马特维耶维奇家中两个年长的孩子要到我们学校来上学时,他们的小女儿奥列西娅才四岁。在入学家长会上,我们谈到了这个家庭的孩子们在精神生活上细腻而暖心的一面,他们具有高度的荣誉感,会尽己所能做好一切。于是班主任就对这位母亲说:"亲爱的玛丽亚·米哈伊洛芙娜,请给大家分享一下您的育儿经验吧!让我们的家长们也听听,您是如何教育孩子的。""您是如何在他们的灵魂深处打磨出这种珍贵品质的?要知道,这对大多数家庭来说,是可望而不可即的。"

这位母亲微微一笑,说道:"其实,我和我丈夫并没有什么时间来教育孩子。我们每天都在忙工作:丈夫在农场,我在田里。夏天,哪里需要,我就到哪里去,而冬天我跟丈夫一起在农场里工作。孩子们一般都是和祖母在一起的。我们的家规是这样的：只要孩子们学会走路，就让他们学着做点儿力所能及的事，不光为自己，还要为其他人做。为人处世时要做到善解人意，这是不容破坏的家规。我们真的没有时间教育他们。至于有关孩子教育的问题，我认为，还是让那些不用上班，在家专门带孩子的母亲来分享吧。"

老师们和家长们都明白了：这位母亲所说的，无非就是"无为"的教育才是真正的教育。

这位母亲所说的不容破坏的家规的本质是什么呢？它蕴含着什么意思呢？

那就是，在他们深厚高尚的气度中所蕴藏着的美好的人际关系。多年以来，我们一直在思考，思考阿列克谢·马特维耶维奇一家凝聚在一起的那种精神力量。当然，我们也看到了，这种力量以愈来愈新颖的形式出现在其他的家庭中。显而易见，最具教育意义的道德财富就是人与人之间相互关心和相互尊重的关系。在阿列克谢·马特维耶维奇的家中，以及其他许多出色的家庭中，都对人的道德品质以及对他人的责任心有着至高的崇拜之情。

要想培育孩子自身强大的精神力量，就需要让孩子通过父母的为人处世来学习生活，从父亲那里学习怎样尊重母亲,怎样尊重祖母,怎样尊重女性和其他人。可以说,家中的女性——母亲、祖母是整个家庭情感、美好、道德和精神力量的中心,是一家之主。父亲下班回家后,要孩子们做的第一件事就是,一定要了解祖母、外祖母的健康状况。不管他有多忙,有什么要紧的事,对他来说,对祖母的关心都要放在首位。女儿玛丽卡一辈子都不会忘记,父亲三十岁生日的那一天。全家人都为父亲张罗着庆生,准备给他过个隆重的生日,庆生宴也已准备妥当,客人马上就要来了。可就在这时,外祖母突然发病了。父亲急得像什么似的,"还庆什么生啊!"他扔下这句话,就赶紧把外祖母送到了医院。

这就是这位母亲在家长会议上所说的家规所蕴含的意义,即待人处事时要做到善解人意。当阿列克谢·马特维耶维奇家中最小的女儿奥列西娅刚满四岁时,外祖母去世了,当时是五月。孩子们在外祖母的墓地上种了花,在离家不远的地方,也种了一丛玫瑰,他们管这丛玫瑰叫"外祖母玫瑰"。每年在阳光明媚的五月,玛丽卡、彼特里克和奥列西娅三个孩子都要到外祖母的墓前,为她献上一束新鲜的玫瑰花。这一天也被视为家庭纪念日——外祖母日。

也许有些读者会问:我们有必要谈论墓地上的花丛,

献给逝者的玫瑰,以及家庭纪念日——外祖母日这些东西吗?有必要,没有这一点,就无法想象真正的教育,没有它,家庭就失去了精神力量的支柱。法国有一句古老的谚语:亡灵之所以会报复世人,是因为世人忘却了他们。

生活同样告诫我们:报复是残酷的。如果人心坚如磐石、没有人性、冷酷无情、斤斤计较,哪怕是在一块优良的沃土上也能长出荆棘。对逝者的敬意和追思可以让生者受益无穷。这些生活中的细节,恰似那些纤细的根须,将大地赋予生命的养分一点一滴地供给大树,这棵大树的名字就叫作"人性"。

在阿列克谢·马特维耶维奇家中,父亲竭尽全力,只希望孩子们能够珍重自己的母亲。在夏季和早春,农场的活比田里种植甜菜的活要轻松些。因此,阿列克谢·马特维耶维奇便去田里干活,而让妻子去自己所在的农场劳动。孩子们对父亲老挑重活干也已习以为常,并且也像自己高尚而坚强的父亲那样,体贴地对待母亲。

在诸如阿列克谢·马特维耶维奇这样的家庭中,教育艺术的根本在于,精神道德财富是由爱和善、严格的责任担当和彼此的劳动付出,以及家庭成员间美好的关系和父母的言传身教所紧密交织成的。阿列克谢·马特维耶维奇和玛丽亚的孩子们之所以勤奋、诚实、富有爱心，正是因为他们最亲爱的父母为他们树立了高大美好的形象。父亲在以自己的细微之处影响着孩子们的同时，也唤醒了他们幼小心灵中人性的良知，使他们懂得珍惜自己拥有的良善品性，并更加严格地要求自己。

如果我们用几句话来概括家长教育学全部智慧的话，那就是：要我们的孩子做一个刚强坚毅、严于律己的人。说得夸张点儿，在儿子的婚宴上，即便是其他人喝得醉烂如泥，母亲也能够坚信，自己的儿子一定会清醒如初地回来。一个人在独处时仍然能够严于律己、诚实正直、恪守道德情操，这对父母来说，就是最高的期望和理想。不过，只有当仁爱、温情与严于律己、敢于担当、不畏邪恶、远离不义和欺骗的品质相结合时，这一目标才能实现。

记得玛丽卡在参加庄严的入团仪式之前，跟我说：

> 我不记得我是从什么时候开始干活的，只记得，我一直在干活。好像觉得学会干活已经是很久之前的事了，大概是在我七岁的时候。父亲跟我说："栽上这三棵葡萄苗。"那时，我已经知道该怎样做了。我挖了坑，浇上水，很快就栽好了。可是我偷了个

懒，在栽葡萄苗之前，本应该把葡萄苗的根在事先准备好的泥浆中蘸一下，而我却省了这一环节，直接就把葡萄苗栽下去了。当时我还想：反正葡萄苗都被埋在泥土里了，谁会知道苗根有没有被蘸过泥浆呢？再说了，葡萄苗已经栽好了，又浇上了水，应该不会有事的。谁想到，父亲傍晚回来就问我："你有没有把葡萄苗的根在泥浆里蘸一下？"要知道，不管是之前还是之后我都没向父亲撒过谎，可这次，我却撒谎了。当然，父亲立马就发现了。他二话没说，只是盯着我的眼睛看了一会儿。然后他深深地叹了口气，好像有人往他肩上放了沉重的东西。他挖出葡萄苗，将根部在装有泥浆的桶中蘸了一下，而我就站在那，一动不动地看着眼前发生的一幕。我当时真的羞愧难当，脸涨得通红，恨不得找个地缝钻进去。父亲栽好葡萄苗后对我说："你欺骗得了别人，可你永远欺骗不了你自己。"

有时，家长们会诉苦说："我们该怎么管教自己的孩子呢？你好言相劝，他却一句也听不进去。你告诉他这是好事，那是坏事，这个可以，那个不可以……他好像根本听不进去，简直就是对牛弹琴。"孩子对教导无动于衷，这可是教育中的大麻烦。当父母对孩子的说教不再管用的时候，随之而来的就是家庭暴力。到底该如何避免这些麻烦呢？如何保证说教的有效性，从而使孩子能够从心灵上与父母产生共鸣，保持沟通呢？这就需要当孩子还处于幼童时期，就一定要将他置于一个富有人情味、体贴入微的人际关系氛围中，这如同一所大学课堂，让他去切身体验，去感受生活。这样的家庭人际关系是一个家庭中最重要的精神财富！

教孩子学会思考

不久前,在去基洛沃格勒旅行期间,我认识了一位年轻的铁路工人。他在一个小火车站工作,那里甚至连一所小学都没有。在孩子的学校开完家长会后,他眼里充满了忧伤,这使我感到很惊讶。他心中有一种隐隐的伤痛,让我久久不能平静。

他告诉我:"我的儿子正在读三年级,他住在一个远房亲戚家里。您不仅是一位老师,而且还是一位父亲,我相信,您会理解我的。当一个老师对自己的孩子这样评价时:'您的儿子很安静,很守纪律,学习很用功,可是……他的智商有点儿问题。'难道还有什么比这对一个父亲的打击更大吗?孩子的学习成绩能得3分[1]就不错了,最好的时候能得4分,而5分对他来说就是奢想了。我是这样理解老师的意思的。其他学生在课堂上可以做三四道习题,

---

[1] 3分为及格分数,5分为满分。

而我的小萨沙连一道题也做不出来,他甚至根本领会不了题的意思。这到底是怎么回事?难道我的孩子发育上出了问题吗?请相信我,我情愿牺牲我的后半生来发展孩子的智力。"

和一个父亲谈论这样的话题非常沉闷,太难受了。对于深爱自己孩子的父母来说,没有什么比孩子更珍贵。这是一个永恒的真理,因为人类生命的意义就在于,在另一个新生命体中再现自我,让这个崭新的自我能够再上一个新的台阶,让子女比我们父母之辈具有更高的智力、道德、审美水平。尽管谈论这样的话题并不轻松,但很有必要。

如今,在我们这个社会大家庭中,每个公民的创造力都在努力得到长足发展,一个人的命运和幸福取决于他自身的智力发展。在某种程度上,感到自己在智力发展方面欠缺的人,会产生自卑心理,并深感不幸。请留意一下身边那些误入歧途的少年,他们是怎样的一个群体?其中很多都是不学无术者,由于各种原因,他们的知识价值被剥夺了,人类所积累的精神财富对他们来说也无从谈起。

只要在我们这样的社会大家庭中还存在不学无术者和学习失败者,我们就不可能平等地给每个人,即社会大家庭的所有成员带来真正的精神幸福。个人幸福是社会幸福的保障。父母越来越担心孩子在学习中遇到的困难，这毫不奇怪。为什么一个孩子的学习成绩优秀，而另一个孩子似乎命中注定只能在3分线上徘徊呢？这是为什么？难道真的是命运？命运为什么对某些人那么慷慨而又对有些人如此吝啬呢？

有时，不仅是给父母一个正确答案的问题，而且还得帮助父母为他们的孩子找到一个智力发展的方法，并在可能的情况下预防这种令人担忧的、不良的，有时甚至是悲剧现象的发生。当一个未成年孩子对自己的力量失去信心时，他不仅会辍学，而且会成为这个社会的叛逆者，并将自己与这个社会对立起来。

仅凭一所学校的力量是无法防止人们的生活中出现悲剧的。父母同老师一样都是孩子的教育者，他们在充满智慧的育人工程上的作用应该不亚于一位老师。因为他们儿子的智力发育可以追溯到儿子还没有出生的那一刻，也就是说，一个人的教育在胎儿时期就开始了。

父母们都希望自己的孩子聪明、机敏，让人类的精神财富和价值观成为他的个人财富。这些愿望的实现取决于什么呢？到底是什么因素决定一个孩童和成人的智力呢？

有很多，可是我们必须提到的，首先是不负责任的态度，年轻的父母以这种不负责任的态度来对待新生命，营造新生活；再有就是与遗传有关，智力是基于大脑之上的，而婴儿的大脑形成刚好是在母胎中逐渐完成的。总的来说，在儿童的健康问题上，尤其是儿童的智力发育上，有一个可怕的敌人，这个敌人就是父母酗酒。酗酒的父母生出的孩子，大脑的发育或多或少存在偏差和异常。若想生出一个先天残疾的孩子，你不必是一个十足的酗酒者，只要处于酩酊大醉的状态就足够了。在父母酒醉时受孕的胎儿，已经播下了"胎儿酒精综合征"的种子。在某些情况下，这些偏差、异常现象很明显，孩子会成为一个智力障碍者。他还在母腹中就已注定要到特殊教育学校去上学。另一种情况是，脑半球发育不足的现象不那么明显，只是脑细胞受到压迫且脆弱，功能受损。这样的孩子反应很迟缓，但是还有思考能力，只是记性不好。这类孩子一生都将被迫承受因父母的轻率、不负责任而强加于自己的痛苦。

我们为什么要谈论这个话题呢？因为我们班里有一个孩子就是遭遇到这样的不幸，出现了智力发育异常。他是一个酒鬼的儿子，是一个不幸的孩子，没有任何教育可以弥补罪恶的父母带给孩子的苦痛。这个孩子费尽辛苦才学会了写字，到了五年级的时候才第一次学会独立计算三年级的简单数学题,刚学过的数学法则,过两个小时就忘得一干二净。一道应用题,当他从头读到尾时,题首的意思就早已不记得了。记忆力低下,这就是人们所说的日常生活中的智力发育不良,大脑处理长期学习与记忆信息的是海马体,它依靠脑半球深层而紧密的皮质细胞传递信息,一旦这些细胞受损,就会导致来自外界的信息迟迟无法传送到脑细胞去,从而就无法像正常脑细胞那样对信息作出及时、正确的反应和处理。对这种情况,目前在医学上还没有任何有效的治疗方法,只有老师耐心、勤恳、细微的教育工作,才能在某种程度上帮助孩子发展智力。但是,我必须坦率地说,在一百个老师中,可能只有一位老师有能力完成这项工作。

亲爱的年轻父母们,请记住,孩子的健康和智力发育取决于你们自己。要知道,创造一个新生命不仅是一种生物行为,人与动物的不同之处就在于,他知道自己的所作所为是为了什么,要对此承担什么样的责任,其中包括在孩子身上重塑自我。

儿童的智力发育很大程度上取决于他迈向认知环境的第一步。首先,这涉及的是人为环境,这个环境中包含着复杂而多重的关系。孩子就是在这样的环境中认识到世界和自我的，他意识到自己是自然的一部分，是自然界赐予的一个富有灵性的杰作。

从孩子生命中出现意识的那一刻起，父母就应该引导他注意周围环境中的物、事、现象以及它们之间的因果关系，从而确保孩子学会自己观察生活。学会观察，学会发现，乍看之下也没有什么特别之处，形象地说，这种能力，就像是承负"思维之翼"的大气层。智慧、思维、想象的主要源泉就在我们周围的环境中，在一个人看到的、意识到的、引起他兴趣的现象中。不难想象，几万年前，第一个思想的火花在我们远祖的脑海中激起时，很可能正是他想弄清自己所看到的那个令人惊奇的、不可理喻的现象之本质时所产生的。

从人类文明在远古时期出现曙光一直到今天，我们周围的世界，尤其是大自然，一直是最丰富的、取之不尽、用之不竭的思想源泉。好奇心、求知欲是智慧增长的前提。当你带着四岁的儿子一起散步时，你会说：瞧，孩子，这是森林，后面是人工栽培的小树林，这是松树，那是杉树、橡树、白蜡树什么的。孩子自己是根本不会注意到森林和人工林之间的区别的，所以要让孩子先学会观察，培养他的好奇心。告诉你的儿子："瞧，这些高大的树和小树，古老的森林与新栽培的树林有什么不同？"孩子也许不会马上注意到它们之间的差异，但是，在你的引导下经过仔细观察，他一定会发现这些树木之间的差别。孩子会眼睛一亮，满心欢喜地告诉你："森林里的老树不是整整齐齐的，而新树林里的小树是一行一行的，很整齐！"

"为什么是这样呢？"你提问题，让儿子来思考。孩子也很想解释他不明白的事理，可他并非总是能如愿以偿。即使他回答不了你的提问，即便是你自问自答，给出了答案，你也应该知道，在孩子的意识中已经萌生了对新事物的好奇感和求知欲。反过来，假如你没有引导他去发现，就不会唤醒他的求知欲望；假如他不知道是人们用自己的双手种下的树林，他就不会明白人工林里的小树为什么排列有序，整齐划一；那么他永远也发现不了这些东西，仅仅是看到了而已，他从来不会去关注这些东西。

你们到了古老的森林，面前是一棵棵粗壮的老橡树和白蜡树的树干。这时，孩子自己也注意到了：在这些粗壮的树干上处处都长着绿色的青苔，可是它们为什么都长在一个方向呢？大人们知道这是背阴面，可孩子不知道啊，他会问："为什么会这样呢？"因为他还没有足够的知识储备来解释这种奇妙的现象。他对自己又发现了一个自然界的奥秘而感到惊讶。你们再走向森林的深处，孩子高声喊道："哎！哎！哎！"得到的是从森林深处传来的回声，回声在空谷中回荡，慢慢消失在远方。"这是怎么回事呢？"孩子再一次问道。

由此，他踏上了通往知识世界的旅程。请利用每一个可以利用的时间和机会，帮助你们的孩子在这条求知路上迈出一步又一步。同孩子们一起去野外，去森林，去池塘边。你只要善于发现并以此来激发孩子的想象力，哪怕是在一条最不起眼，长满灌木丛的沟壑中，都能找到那隐蔽其中、令人意想不到的惊奇。正是孩子亲身经历过的这几分钟的新奇与惊喜，让他的求知欲得到一次次的升华。

在这样一个提问和思考的瞬间，孩子的大脑中会发生惊人的现象：思维细胞之间构建了最微妙的相互关系。向孩子揭示周围环境中的事物和真相越多，他越能更多地发现迷惑不解的神秘物象。为什么夏天的太阳看上去就高，而冬天的太阳则低？为什么橡果生长在高大的橡树上，而大西瓜和大南瓜却生长在细软的茎条上？为什么闪电会发光？为什么打雷会让人震耳欲聋？为什么有些鸟在天凉时会飞到气候温暖的南方，而有些鸟则会留在原地陪我们一起过冬？当畅游于神奇的大自然之中时，孩子会提出成千上万个类似的问题。显而易见，提出的问题越多，他幼童时期的见识就越广，到了学龄期就越聪明，眼光就越敏锐，记忆力也就越强。

　　做一位孩子智力的开启者吧，教他们学会思考！

没有惩罚的教育

一名十四岁的少年被带到了基洛沃格勒儿童收容所。其实,这个孩子机敏活泼,读了三次五年级,现在离家出走了。他坚决地说:"我永远不回那个家!我也决不回学校!"

儿童收容所要求学校出一份这个孩子的操行评语。校长立即作了回复:学生菲德尔是一个十足的、无药可救的捣蛋鬼,他不学无术,还戏弄老师,并且还是个不务正业的蠢货。调查清楚后我才知道:在离家出走之前,菲德尔在课堂上捣乱,学猫和狗叫。在去车站的路上,他取下杂货店的玻璃,从橱窗里拿走了一个背包,还捎带着拿了两个手电筒和几节电池。"这种违法行为应受到惩处,这样的学生坚决不能留在正规学校。"在操行评语的结尾,这位负责人气愤地总结道。

我们稍晚点儿再回到菲德尔命运的话题上。而现在,亲爱的父母们,无论你是工人还是医生,老师还是工程师,党政要人还是经济工作者，包括年轻人，未来的父母，让我们来思考一下如下问题吧：为什么到目前为止还存在无人照管的儿童？这种现象是从何而来的？进一步来说，它的危害性不仅限于问题本身，这其中的一部分青少年都存在道德上的缺陷，他们会带着这种缺陷步入社会，开始生活。孩子在儿童时期无人照管，就为日后播下了收获恶果的种子。

我敢肯定，儿童的无人监管和青少年犯罪的主要原因是家庭—学校教育上的文化修养低下所造成的。是父母和老师都应该深刻反思的时候了，学校没有家庭的协助、家庭脱离学校的教育，都无法让我们成就一项最微妙、最复杂的育人工程。遗憾的是，目前，家庭和学校都只是各持己见，按自己的那一套来教育孩子。许多父母完全不知道如何正确教育自己的孩子，怎样塑造他们的人格和观点，培养他们的习惯，也不知道这一过程所包含的各种因素。毫无疑问，所有的父母都希望自己的孩子成长为一个诚实的人，一个对社会有益的人。但是麻烦在于，并不是每个人都知道该怎么做。

实践已经证明：对大人来说，儿童本身就是一股巨大的教育力量。实际上，对从事教育工作的人来说，家里有孩子，可是一件不可多得的好事，这对他形成纯正的道德、高尚的灵魂、富有的精神以及和蔼亲切的人际关系具有很大的帮助。如果年轻的家庭在学校的帮助下，奠定了良好的家庭—学校教育的文化修养基础，那么这个家庭的孩子就能创造奇迹：他不会让父亲成为醉汉，他会让父母远离粗俗的言谈和不必要的争吵等等。这就是为什么我一直认为，教育工作者最重要的任务就是教会父母如何教育自己的孩子。

我们学校的家长学校已经成立十五年之久，从未中断过。学校分几个班：一是针对未来的年轻父母；二是对准备入学的学龄前儿童的父母；再就是为各年级在校生的父母特设的班。孩子们在学校只需要学习十年[1]，而他的父母却要在家长学校学习十三年。他们的父母都得来上课，无一例外。如果哪位父母因故不能参加讲座，就得向校长或者班主任提出请假方得许可。每个班每月两节课，一节课一个半小时，由校长、教务主任、班主任和最优秀的老师为他们讲课。总的来说，我认为，这是作为学校领导人，一个校长，负责的全部工作中最必要、也最重要的一项。

---

[1] 苏联自1964年实行的义务教育制度为三五二制，共十年。

也许有人会问：如果学校有七个家长班，每个月见两次面，那么，老师就只有工作了，给家长上课，跟家长交谈，不累吗？不会的，我们没感觉到累，因为有了家长学校，我们把学校曾有过的其他形式的、不必要的与父母的交流都取消了。我们也不用再去家访了，而是学生的父母来找我们。

在课堂上，老师们试图更加具体地让家长们弄清正确教育儿童、青少年、男孩和女孩的真正意义。老师们也不会像在家长会上那样进行口号性的、呼吁性的会议，而只是为家长们提供一些实质性的建议。如此，在新婚夫妇——未来父母的课堂上，课题的主要内容是夫妻关系的处理，该如何支配自己的欲望，如何学会将自己的欲望与他人的欲望相协调。如果仔细分析一下，你就会发现：幸福与不幸，走运与倒霉，以及两个人（随后全家人）所创造的精神财富一般都是基于家庭人际关系修养之上的。在尊重大家隐私的同时，我们也会巧妙地碰触他们内心深处最珍贵，也可以说是最隐秘的角落。这也正是能够吸引众多年轻父母前来听课的原因。顺便说一下，几乎所有家长都是我们以前的学生。

列夫·托尔斯泰曾写道，孩子的出生为父母制造了一个特别的"脆弱面"。我们尽量在孩子出生之前就向父母们清清楚楚地展示这种"脆弱面"。我们敢肯定,他们用生活中的每一步来教育自己的孩子,可是在孩子身上能留下自己思想、精神和灵魂的却少之又少。

对学龄前儿童的父母,我们教他们如何发展孩子的智力和言语能力,如何培养孩子的情感,为他们开设有"父子""母女""家庭是人际关系学校""儿童精神修养首要规范"等专题讲座。

家庭教育极其重要的组成部分,就是对儿童的劳动锻炼。我认为,理想的做法应该是遵循民间教育智慧的训诫:当一个孩子学会拿起勺子吃饭时就要让他学着干活了。在我们这些学生家中,家务劳动已成为家庭人际关系修养的基础。劳动的理念是:为了他人,造福大家。我一直把这种理念称为维系家庭人际关系的红色纽带。我们和家长们共同努力,争取要求孩子从他们迈出的第一步起,从刚刚懂事的那一刻,直到长大成人这个阶段,就为这个家,为家里的人做点儿什么。比如,七岁时,也就是说入小学一年级时,每个孩子都必须在他家的院子里给母亲栽上一棵苹果树,苹果树结出的第一个苹果,孩子要亲手摘下送给母亲。

如果一个十一二岁的孩子，在回顾自己的童年生活时，还看不到他生活中的第一个劳动果实，不能满意地对自己说："这片供大家乘凉的绿色树林是我亲手栽种的，这片葡萄藤也是我栽给大家享用的。"那么，我们的教育方向就偏了。

多年的经验使我们相信了一个非常重要的教育规律之真相：那些把对他人、对社会的劳动付出当作快乐源泉的孩子，绝不会感觉干活是一种惩罚。惩罚与他们无缘，甚至在生活、学习中，他们也不会遇到真正被处罚的问题。因为这些孩子不需要被处罚，这也就意味着他们不会做出违法乱纪的事。

是的，我可以肯定地说：我们学校的学生不知道什么是处罚。最重要的是，他们童年时期的快乐源泉就是对创造的渴望，即给他人做好事的乐趣。我们学校里所有的孩子都没有被处罚过。更喜人的是，家暴也完全消失了。

没有这样的"成就"，我们就无法想象家庭—学校教育最基础的教育修养。没有惩处的教育不是靠几所小小的学校就能够完全实现的，这是社会发展最重要的问题之一，这其中最微妙也最复杂的一面，就是人的意识、行为和人际关系。

我们仍然可以经常听到这样的推理：为了杜绝犯罪现象，必须更加严厉地惩处犯罪行为。错了！要我说，如果在童年时代、青春期不再对孩子进行任何惩罚，更确切地说，是没有惩处的必要，这个社会就不会再有犯罪。

在本节的开始，我说到了离家出走的男孩菲德尔。当弄清事实真相后，我才发现：不论是学校生活，还是家庭生活，对这个孩子来说简直就是地狱。这个孩子完成不了作业，是因为课业对他来说有些难，事实上他学习很吃力，而老师只知道在孩子的本子上一个劲儿地写批语给父母看："你们的儿子不想学习，你们得想想办法……""他表现得很差，你们要想办法。"结果，父母采取了家暴，狠狠地打了这个男孩一顿。他对家人和学校产生了敌对情绪，他开始故意不完成作业，不遵守学校纪律。

人人都应该记着：如果一个孩子经历过惩罚，并因此而受到了刺激，那上天赋予他的内在力量就会受到伤害，他与生俱来的自我教育能力也会相应被削弱。惩罚越严厉，他自我教育的能力就会越差。尤其是，当惩罚的公正性受到质疑时（这恰恰是绝大多数家庭冲突中的常发事件），人的灵魂就会遭到摧残，人性就会变得凶残。要是一个孩子在十几岁的时候就常常被惩罚，那他就既不害怕少管所，也不惧怕法院，更不会畏惧劳动改造。

作为一个教育工作者，与在教育上遇到的其他威胁相比，没有什么比面对野蛮的灵魂、沦丧的道德、无视善良和美好的心灵更令人痛苦了。这种伤脑筋的事常常发生在有儿童、青少年的家庭中，只有借助最重要的教育园地——学校，才能避免出现这种烦恼。当然，有的家庭处境很难，非常难。然而，我在学校工作了这么多年，还真没见过无药可救的父母，也没有见过灵魂中没有一线光明的人。只要这些人的心中还存有一丝亮光，我们就会将其化为耀眼的光芒，这就是身为一名教育工作者既艰辛又艰巨的任务。

没有更高层次的家庭和学校的联手教育，想要培养出高素质的新一代是不可能的。

父母的教育修养

语言的魅力

无论我们的学前教育机构多么出色,影响孩子智力和思维发展的"行家"还是非父母莫属。只有与孩子朝夕相处的父母、家人才能一步一步地将他们引向成熟、智慧的成人世界。孩子的周围环境是影响他思维形成的基础,这是任何东西都无法替代的。学者们在托儿所和幼儿园的观察结果证明:当同龄(例如三至四岁)孩子在没有大人的参与和影响下长期相处时,他们的思维发育就会迟缓。长期与父母、爷爷、奶奶、兄弟、姐妹相处的环境,恰是适合孩子思维发展的环境。当然,我也不否认学前教育机构对幼儿教育的巨大影响。但是,如果要把一个孩子完全交给他们去培养,尤其是去培养孩子的心智,这是行不通的。

当前,我们正处于社会高度发展的时期,教育年轻一代成了我们行使社会义务的一部分,尤其是父母的教育修养，对整个社会来说影响极大。因此，当务之急必须提高父母的教育修养，这一因素将决定孩子的思维是否能够全面发展。比如，在我们学校，就为那些学龄前孩子的父母创建了一所家长学校。我们的教师团队坚信，无论是对教师，还是对家长来说，没有什么比孩子的思维形成和发展更重要、更值得关心的了。的确如此，在学校，为什么一个孩子表现得很聪明、很细心，对老师的讲解领会得很快，记得也很牢固，而另一个孩子却反应迟缓，接受和理解能力很差，记性也不好呢？在我们创建这所家长学校之前，对所有问题的理解，都是带有盲目性的，形象地说，一直都是在摸着石头过河。

现在，我们通过讲座的方式来帮助父母提高教育修养，我们每堂课都会列举一些鲜活实际的案例，就一个主题深入地进行剖析。诸如，生理解剖特征、神经系统、身心发展、儿童的精神生活等等。上课的老师是学校的校长、副校长，以及一些优秀的教师。

我们希望父母能够懂得，他们自身在培养孩子精神生活这个微妙的世界中所承担的责任。

我记得，有一次上课，为了让父母更好地认识到人为环境对孩子智力发展所起的作用，我就给他们讲了一个发生在几百年前的故事：

印度国王阿克巴（Akbar）听先贤们说，印度人的孩子只会说他们父母的语言，中国人的孩子只会说汉语，即便是从小把他们放在不同的环境中成长，即便是没有人教他们，也不会影响到孩子们说母语的能力。于是，国王决定验证一下这个说法。遵照国王的命令，三十个不同民族的哺乳期婴儿被放在了与外界完全隔绝的房间里，只有几个被割去舌头的仆人照管着他们。每天只有一个不会说话的太监从小窗口递送食物。国王把房间的钥匙挂在自己的胸前，谁也无法进出这个房间。这些孩子在这样的环境中慢慢地成长，从来没有听人们说过一句话。就这样七年过去了。一天，在这些先贤们的陪同下，国王打开了孩子们的房门。他们听到的是一片含糊不清的声音，而不是人类的语言。面对眼前的一切，这些所谓的先贤们丢尽了脸面。

从科学的角度来看，经验（如果这种毫无人性的行为也被称为经验的话）是"毫不含糊"的。许多人都证明了人为环境对幼童的重要性，阿克巴国王算是其中之一。如今，我们已知的有数十个狮子、老虎和狼饲养孩子的案例。当初，由于特殊原因，幼儿不幸落入兽群中，并与它们共同生活了十几年。幸运的是，若干年后，这些"野"孩子又回到了人类身边。他们大多已经长到了十至十七岁。多年来，学者们试图教这些孩子说话，但事实证明，这些愿望是徒劳的。一些"野"孩子每年只能学习两三个单词。他们中之所以没有一个人能够真正意义上成为人类社会的一员，正是因为他们被动物包围的时候，恰是受外部环境影响最敏感的时期。二至七岁是一个人成长发育最重要的时期。他本人并不知晓，这个时候他从周围世界所获取的大量知识、技能和习惯，都为他日后的心理塑造奠定了坚实的基础。正是在这个时期，他们学会了思考和说话，掌握了用语言表达自己情感的能力，形成了对周围世界的态度。孩子在不断接受越来越多新信息的同时，对知识的渴求也在逐渐提升。当长大成人后，这种求知的欲望就会更加强烈。

动物没有人类固有的心理刺激，支配动物生命的只有生物本能。幼儿在接受外界影响最敏感的时期却生活在兽群中，这让他们的脑半球皮层的细胞保留了生物本能的原始状态，并将自己的一生定格在这个位置上。

如果不了解这些真相和诸多其他方面的育儿知识，父母的教育修养是不可想象的。尽管如此，不管在什么情况下，无论任何人都无法替代父母作为教育者的身份。

我对未来学生的父母说：

请记住，当你们以后有了孩子时，一定要留心，从他看到一朵五颜六色的花或一个可爱的玩具那一刻起，从听到树叶的沙沙声或蜜蜂的嗡嗡声那一刻起，他的智力就开始发展了。在此期间，孩子从周围环境中接受的一切都决定他将来在学校的表现：思想是否成熟，反应是否机智，头脑是否灵活等等。由于某些父母的粗心大意，他们所谓的"教育"有时带来的后果，以后即便是最强干、最有经验的老师也无力改变。

在对父母教育修养的培训中，我们努力保持教育的系统性和连贯性。除了建议为儿童提供健康的作息时间，以及在儿童时期进行多样的活动以外，我们还特别重视儿童的精神教育。尤其是，我们对如何发展儿童的情感给出了具体建议。再强调一下，这是培养智力发展的主要基础之一。情感是通向周围世界的窗口，孩子可以通过这扇窗口了解外部的一切。我们努力做到让儿童时期的这扇窗口保持清洁明亮。

情感记忆对婴幼儿认知世界起着巨大的作用。诸多事实证明，在婴幼儿时期，不管以什么形式，只要是深深烙在孩子生活中的各种美好事物将会伴随他们终生。在学校表现出头脑灵活、好学、聪慧的孩子，一般在他们的记忆中都会有很多对外界感觉感知的情景。对父母教育修养培训的同时，我们也得到了自我的完善，因为教育本来就是一种教学相长的过程。我曾为一个一年级学生尤拉·姆的口头作文感到兴奋，他鲜活地描述了春天的溪流，富有艺术性地描述了从屋檐滴下的第一滴雪水……

这让我再次深刻感受到，我们大人找时间和机会向孩子介绍美丽的世界是多么重要。一定要让孩子看到从花蕾到花朵的整个绽放过程，观察蜜蜂如何采蜜，观赏那漫天飘扬的雪花，感受大自然的美妙；还要让孩子在晨暮中体验城市或村庄的魅力，雨过天晴后欣赏七色彩虹的神奇，在金色麦田里陶醉，等等。

观察力、专注力、好奇心这些素质在很大程度上决定了学生的智力发展水平和学习成绩。我们经过对学龄前儿童长期的观察得出了这样的结论：好奇心、求知欲并不是与生俱来的，这些素质是在婴幼儿时期培养出来的。

感性认知上的情感多样化，同样也是促使儿童语言走向成熟的基础。

令我感到非常遗憾的是，我曾见到过有些二年级、三年级的学生，比如，就拿"黎明"一词来说吧，在他们的脑海里对此没有任何概念，更谈不上什么感受，也就是说没有任何情感色彩。为什么会这样呢？因为这些孩子从来没有亲眼观看过黑夜和白天的交替。对于这类孩子，只有在他们需要这个词的时候，才会绞尽脑汁在脑海里搜索，觉得好像在哪里见过或听谁说过。思维缺乏清晰性，词不达意，话语没有连贯性，口齿不清，这就是这些儿童智力发展的特征，也就是说，在二至七岁这个阶段，在他们的记忆里没有存储下生动的情景印象。如果他们的记忆中没有事物印象的存储，相应的，他们对这个词也就没有深刻的理解，那么这个词在他们的记忆中也只是转瞬即逝。

也许，我们中的每个老师都会考虑这样的问题：为什么有的学生记忆力那么好，过目不忘，耳闻则诵，而有的学生却"左耳朵进，右耳朵出"？通过对学龄前儿童智力发展的观察，我们发现了这样一个重要规律：在婴幼儿时期进入孩子意识中的词汇，其生动性和情感色彩在很大程度上决定着他未来记忆力的强弱。

学龄前儿童的五百个发现

课堂上，我给学生讲述春天森林中生命的复苏，让他们用想象力创造出一幅画面：雪花莲细嫩的芽茎从层层覆盖的落叶下钻了出来，开着浅蓝色小花的风铃草惊讶地看着融化了的蓝色湖水……

这时，我发现，有些学生兴奋地两眼放光，求知的欲望驱使他们迫不及待地想描述出自己脑中的画面，而有些学生虽然很专心，却对话题无动于衷。我的话没有引起他们心灵上的共鸣。要知道，这样的学生很难教：他们很难记住我的讲解，或者很吃力。因为在他们的情感记忆中缺乏一个可以为培养记忆力、好奇心和观察力而能够抓得住的"挂钩"，这个挂钩就是联想和形象的逻辑推理。

我们在未来学生家长学校的课程中会讨论所有的问题：我们分析周围环境，并将父母的注意力吸引到一些物象上来，因为这些物象可能会成为带情感色彩的词汇之源。离村庄不远的地方是一片橡树林，森林的泉水还是冷冰冰的，二月天的大地在和煦的阳光照耀下已开始复苏，在还未融化的积雪中，雪花莲展露出她顽强的生命力。橡树林中还有一处空地方，多年前，我们就给它起名为"铃兰地带"。老师带着孩子们来到这里不仅是为了欣赏美丽的自然风光，还要教他们学习思考。橡树林中有几棵橡树，直到春天叶子还长在上边，整个冬天，它们屹立在冰雪覆盖的树丛中，色彩斑斓，树叶好像是被哪个魔术师用深红、黄、橙的颜色点缀过。林中还有一个偏僻处，小狐狸在此给自己建了一个安乐窝，并且已经有些时日了。这里是一个长满灌木的山沟，乍一看，似乎没有什么有趣的东西，可是如果仔细观察，你就会发现这里是多么令人兴奋，多少原本枯燥的词语在此被赋予了情感色彩，这些都是我们所说的具有勃勃生机的带有情感色彩的词汇之源。在山沟的深处，有一眼不冻泉，即便在严寒的霜冻期也不会冻结。草原上紫色的丁香花争相开放，就是在我们的校园里，孩子们也可以看到我们这里稀有的树种——松树、云杉、花楸果树！我们常跟父母们说：带着你们的孩子走进大自然吧！让他们在大自然中寻找富有情感色彩的词汇之源吧！他们的表达会变得生动活泼，让他们享受富有情感色彩的词汇的魅力吧！让你们的孩子去发现问题，并尽可能多地提出问题！我们相信父母的教育能力，许多父母是具备教育天赋的。父母的话语、父母的生活智慧是民间教育的不竭之源。如果把这个资源利用好，并将科学知识引入其中，那么我们枯燥的教学理论将会焕发生机、大放异彩。

将长辈的生活智慧传授给小孩的过程，是无法被任何东西取代或被人为创造的，这种智慧是父母之爱的化身。

当人们不得不对负面的教育事实进行分析时（遗憾的是，现实生活中这类现象仍不少见），我们更加坚信，营造一个良好的家庭环境格外重要。

从孩子五岁起，我们学校就开始对未来的学生进行系统的教育工作。孩子们每周都要来学校学习一两天，他们未来的一年级老师来教他们，主要是发展孩子们的思维。天气好的时候，我们会带孩子们去森林、花园、田野，走近我们曾与父母谈过的，可以激发想象力和语言发展的源泉。在与自然的相处中，我们尽量引导孩子观察了解那些乍一看好像没有什么关联的，其实却有着密切因果关系的事物，我们特别重视培养孩子们的观察力和好奇心，这些是思维发展的重要条件。

在老师的指导下，与大自然的每一次接触都会有新的发现，孩子们的思想会渗透到那些不易觉察、不会引起人们注意的自然界的奥秘之中。孩子们每年都会有五百多个小"发现"：我们周围的一切，有有生命的，也有无生命的；阳光、温度和水都是生命必需的条件；植物来自种子，它要经过生长、成熟、结果（子实）来完成生命的延续；水有不同的形态——液态、固态和气态；如果人们给土地施予各种肥料，植物就会生长得更繁茂；地球的表层是土壤，这是植物赖以生存的环境，等等。此中的每一个"发现"都可能得益于生动、鲜活的感性认知。正是在这些"发现"的过程中，孩子们的语言表达得到了充分提升，并赋予其丰富的情感色彩，甚至渐渐对事物形成了最初的概念，比如，生物和非生物的概念。此间，我们已经注意到有些儿童的智力发展有些异常（也许在这个年龄还不太明显，但在以后的成长中则会越来越明显）。本来，这些自然界神奇的发现带给大多数孩子的是惊奇，而有些孩子却对此表现出一副漠然的样子。要知道，惊奇是促使孩子思维发展的情感动力。

我们对那些对什么都不感兴趣的孩子的家庭进行了深入研究后发现，他们智力反应迟钝的原因是感性认知的受限或缺乏，他们的情感世界缺乏鲜明的形象化影响。发现了这一问题后，我们开始深入地进行一对一的教育工作，首要目标是激活这些孩子的感性认知系统，培养他们语言中的情感色彩。我们坦率地告诉父母：如果你们不对孩子进行系统的日常教育工作，孩子的智力发育会很差，学习质量也会下降。

六至七岁这个阶段是系统教育的最佳时期。与往年一样，为了发展孩子们的思维，我们会组织孩子去亲近大自然。此外，孩子们还学习阅读，我们采用寓教于乐的方法教孩子们进行阅读，还伴随有游戏。这样，当孩子们入学时就已经掌握了初步的阅读技能。这有利于我们在以后的教学中对孩子们进行更有意义的、全面立体的思维发展工作。

如何运用父母的权威

一些父母认为,孩子是否听话取决于他们的意识水平。随着孩子慢慢长大,他们就会渐渐懂事,相应地也就会听父母的话了,这时也比较容易管教。所以,他们对自己学龄前的孩子采取的是完全放任的态度,让他们为所欲为。

我们的职工村里有个叫彼得·阿法纳谢维奇的人,他家有三个孩子,一个男孩和两个女孩。家里条件不错,父母从不拒绝孩子们的要求,尤其是儿子。上学之前,维嘉就已经很习惯父母总是满足他的那些无理要求了。有一次吃午饭时,当母亲把汤给他舀到一个儿童餐盘里时,他生气地问:"为什么把汤舀到这个盘子里?我想要个深点儿的盘子!"

母亲就给他换了一个深点儿的盘子。

孩子每次无理取闹时,母亲都这么说:"他长大了就会听话的。"父亲也这么认为。

父母经常给维嘉买些儿童读物,他总是把书一页页撕下来，不是叠成鸽子，就是折成飞机玩。父亲试图禁止他这样做，但男孩使出他的惯用伎俩：使性子，哭闹。母亲这时就会护着孩子，并在儿子面前对父亲说：

"等他上了学，学会了读书，自然就会爱护书的。现在为什么要禁止他做喜欢的事情呢？等他长大了就会好的。"

维嘉开始上学了，父亲说，应该提前两个小时把他叫醒，而母亲不忍心这么早就把孩子叫醒，所以维嘉总是匆匆地起床后就往学校跑，不是忘了带书，就是忘了带本子，有时甚至还会迟到。休息日，维嘉会睡到上午十一点。他醒来之后总是懒洋洋地在床上躺很久还不起床，有一天，他听到父亲埋怨母亲对他太纵容了。可是父亲的话压根儿没对他起任何作用，因为他知道母亲会站在他这边的，父亲最终会向母亲妥协。孩子已注意到，父亲和母亲经常对他提出完全不同的要求。于是，孩子就会动脑子想，他们中谁的话可以不听，谁又可以成为自己依赖的对象。如此，他当然就会选择靠近那个能够满足自己欲望的人，去听他的话。

正如我们所见，在彼得·阿法纳谢维奇的家中，孩子从小就没有养成按要求办事的习惯——听父母的话。维嘉的父母其实知道，他们拥有父母的权威，这种权威会轻而易举地让儿子按自己的要求办事。可是他们故意不使用这种权威,他们认为,随着孩子一天天长大,他们会自然而然地听父母管教的,所以在此前没必要对他提什么要求。这些父母的观点说明,他们并不明白培养孩子的方式和意义,从而让孩子成为一个守纪律的人,也忘记了身为父母的权威和责任。

当家中有子女时,父母就一定要发挥自己的权威。在一个家庭中,父母必须拥有一定的权威,教育孩子是父母对国家应尽的义务之一。我们应该怎样理解"父母的权威"呢?父母的权威就是父母有权根据自己的意愿来管教子女,并有权根据家庭生活的具体情况来确定自己的要求。这已列入国家法律,该法律规定,父母有抚养、教育子女的义务。

有些父母误以为一定要让孩子先弄明白什么是"听话",这样,长大了他们就会自然而然地听话。然而,现实生活中的情况却恰恰相反:那些从小就养成听话习惯的孩子(他们并不明白"听话"这个概念),在以后的生活中,这种习惯就会在他们的意识中体现出来,从而才能让他们明白一个道理——听父母的话本来就是应当的。如果孩子的无理取闹总是得到满足,而且不听话也不会怎么样,那么他们就会养成不听话的习惯。久而久之，他们就会觉得自己的无理取闹是理所当然的。

父母要想在孩子心目中树立一个正确的权威观，就得培养他们从小听话和服从管教的习惯。孩子生活习惯的形成要远远早于他们语言与思维逻辑的形成。在现实生活中，孩子应该有被管教和被约束的经历。更何况，孩子需要做什么与不能做什么，在更多的情况下不是都可以或是都需要用一些逻辑性较强的事实给他说明道理的，比如，母亲完全没有必要向三岁的孩子解释，为什么他应该比大人睡得早。

父母的权威和要求，只有在培养一个国家未来的公民时才能适当地利用。从教育的角度来看，父母的要求首先应该是通情达理的。当孩子长大后，他就会明白这些要求是合情合理的，并会感谢父母让他养成了这些好习惯。此外，只有当父亲和母亲的要求保持一致时，即父母双方都要求孩子做同一件事时，孩子才会无条件执行。不管是准许的，还是禁止的，也不管这种要求多么合乎情理，多么正确，只要是父母一方对此持有不同的意见，并被孩子看在眼里，那么这种要求在孩子看来就是不具权威性的，他就会考虑是否可以不听从。

一些父母认为,他们的权威应该主要表现在对孩子的禁止上。要知道,这可是不对的。如果孩子每天听到的只是不许这样,不许那样,这将使他的思想行为在一定程度上受到束缚,他会变得怯弱、被动。父母不应仅仅要求孩子不准这样,不准那样,而应该鼓励孩子做一些积极有益的事情。

多年来,我们一直观察农场负责人伊万·伊万诺维奇家孩子们的成长。他们家有五个孩子:其中两个已经中学毕业,正在上大学,还有三个仍在我们学校学习。不论是在家里,还是在学校,孩子们的表现都很好。父母育儿成功的秘诀是什么呢?首先,他们夫妻对孩子们的要求始终保持一致,并且不总是限制他们什么,而是鼓励他们积极做点儿什么。父母有意地回避"不能"一词的使用率,而尽量用"应该"这样的词进入话题。

一般情况下,只有在孩子做错事时,才有禁止他的必要。因此,为了避免或者至少是减少对孩子的禁令,就一定要在孩童时期就防止他们负面东西的累积。在这一点上,伊万·伊万诺维奇的家庭做到了,他们一开始就教孩子们如何正确做事。因此,父母的权威是引导孩子,激励他们做有益的事情,而不总是告诉他们这也不行,那也不对,搞得孩子无所适从。如此，即便有时父母不得不对孩子的行为进行制止，他们也很容易接受并理解。这是非常明白的道理。如果孩子已经学会了，也习惯了应该做什么，做什么是对的，那么他就会轻而易举地接受被禁止的东西。

伊万·伊万诺维奇夫妇从不抱怨自己的孩子们使性子、发脾气，因为孩子们也从不这样做，他们不会就一件事情对孩子提出两种不同意见的要求。他们很清楚，夫妇之间的任何分歧和冲突，先是会造成孩子心灵上的困惑，进而就是叛逆，因此，他们总是相互让步。如有必要，他们还会对孩子们让步。

严格要求并不意味着苛求，迫使孩子达到盲目顺从的目的，而是要揣摩孩子想要什么，深切体会孩子的感受。有时，可以允许孩子做些父母不太情愿的事情，这样做，仅仅是因为，当孩子的愿望表现得太强烈时，如果你不顾一切，只是直接粗暴地制止他，就会在情感上对他造成伤害。要是孩子能通过个人的经历明白自己的过错，那就再好不过了，这通常对孩子是相当有益的。

让我们谈一下发生在伊万·伊万诺维奇家的一件趣事：

十二岁的儿子格里沙不像其他的孩子，他性格有些内向。有时,他心中的小"秘密"连自己的兄弟姐妹都不告诉。

　　有一次,父母无意发现格里沙和他的小伙伴们躲在旷野里一个被废弃的破旧棚子里。"他们在那里做什么呢?"父母很好奇地想。但是他们没有责问格里沙,因为他们知道也没什么大不了的事,如果真有什么事,孩子自己也会找他们说的。他们的推测没有错。一天,父亲正准备去上班,格里沙走到父亲跟前央求道:

　　"请允许我今晚在那个棚子里睡一夜。"

　　"为什么?"父亲吃惊地问。

　　儿子说,他和他的小伙伴们在玩一个"游击队"游戏,破旧的棚子是"游击队总指挥部",今晚所有的"指挥官"应被召集在一起。父亲并不喜欢这个主意,然而,他注意到了,孩子是以一种怎样的热情对待这个游戏的,又是以一种怎样的责任感对待"指挥官"这份要职的。所以,父亲觉得,要是这个时候坚决制止孩子的做法,将会给他的情感造成重创,他不能犯这样的大错。再说了,格里沙也没有自作主张,他不是来求得父亲的允许了吗?还坦诚地透露了自己的"秘密",这已说明了儿子对父亲的深信和敬重,在这上面可不能掉以轻心。父亲在权衡利弊之后,还是同意了,他想,顶多也就是闹腾一夜,也没什么大不了的。这样也好，让他和他的小伙伴们都能明白，他们的游戏玩得实在是太过火了。一切正如父亲所料，在这个游戏中，孩子们没有感受到多少浪漫的游击队生活，遇到的麻烦倒是不少。他们不习惯熬夜，困得要死，很快就解散了，各自回了家，他们只有一个念头，就是快点儿上床倒头大睡。从此，孩子们再也不玩这样过火的游戏了，而格里沙对父亲也更加信赖了。

这件事说明了什么？当父母在行使自己权威的时候，一定要小心谨慎，要去感受孩子的内心世界。每个父母都应该知道并能感受到他们权威的极限在哪里，闯入孩子们隐秘世界的界限在哪里。这是大人们极为感兴趣的，当然，这个世界是不可以被随便搅扰的。要知道，每个孩子，不管是男孩还是女孩，都会有自己的小秘密，这主要与他们的游戏、玩伴和交友有关。在孩子们的这种私密空间里，大人干预得越少，他们的"秘密"就越少，他们就越与你们坦诚相待。

通常，大人对孩子内心世界的贸然干涉，会导致孩子性格上的孤僻。尤其不能接受的是，父母直接而粗暴地干预孩子的择友权和与玩伴的相处权。一些父母还为孩子设定了交友界限：你可以跟这样的孩子交朋友，不能跟那样的孩子交朋友。这是不对的。父母的责任不是"禁止"或"允许"与谁交朋友，而是要有策略地帮助孩子们建立正确的择友观。孩子年龄越大，他的个人生活范围就越广，父母直接干预的范围也就越有限。一个孩子在学龄前和小学阶段，会毫无顾忌地跟父母讲他所有的"秘密"，而一个青春期少年或更大点儿的孩子，则很少在大人面前表露自己的内心世界，并且会对父母尝试插手或贸然干预自己的事感到非常痛苦。

在这个问题上，父母需要用一种完全不同的方式来对待，要尊重这个年龄段孩子的个性，要认可他们拥有无可争议的隐私权。这样一来，无论年龄大小，父母与子女之间都不会产生疏远感。

父母的权威取决于多种因素，其中一个必不可少的主要条件，就是懂得恰当地运用父母的权威。父母的权威不仅是权威，也是一种艺术。

精神依赖来自何处?

无论是在文章里,还是在演讲中,只要一谈到青少年犯罪,有些人就会认为,造成这个问题的罪魁祸首就是学校。

而很少有人会提出这样的问题:这些少年是谁?他们来自什么样的家庭?有多少孩子是在没有父亲陪伴的情况下长大的?又有多少孩子是在没有母亲的关怀下成长的?他们受过什么样的教育?

那些人经常谴责教育科学院,他们指出,科学院有无数具有丰富经验的教育人才,有用于处理各类材料的高速电脑,却没有利用丰富的教育资源对这些难管的青少年教育问题进行研究。

不管是理论教育,还是实践教育,都会遭到指责。

由于我这里缺少全国范围的统计数据,所以只好靠我所掌握的有限信息来谈谈我的看法。

我执教已经三十年了。我亲眼看着上千的学生长大成人、结婚生子,还把孩子再送到自己曾经读过的学校学习。在工作的这些年中,我不得不和一些难管分子打交道,这样的青春期少年有二百七十个。这些孩子的心灵都因恶劣的家庭环境而遭受过重创。这些孩子在童年时代就已经对圣洁的事物失去了信心,在童年时代,他们就知道了本不应该知道的东西。二百七十个人中有一百八十九人是没有父亲的,他们是单亲母亲的孩子,有七十七个孩子的家庭破裂,其余四个孩子好像出自正常家庭,之所以说"正常",是因为他们父母双全,可如果我对大家透露出这些家庭的实情,相信谁听了之后都不会无动于衷。

这已经不再是经验主义,而是用数据来说话了。这二百七十个学生中的每一位都有记录卡,其中包含我认为了解一个人所必需的信息数据。这三十多年来,我从教学实践中积累的数据说明了什么?

从这些数据中可以看出,这些难管的孩子和青春期少年,首先是那些没有父亲的孩子,他们压根儿就没得到过家庭的温暖。他们从小就有一种可怕的想法:他们的出生是偶然的,是为弥补母亲所犯下的错误才来到这个世上的。

孩子内心的悲痛是很难用言语来表达的,他们觉得,没有父亲的孩子,是一个谁也不需要的人。这些"问题"

孩子，从他们有了意识的那一天起，听到的就是母亲刻薄的话语：你是生活对我的惩罚，你的出生带给我的只有晦气和倒霉。

我重新打开泛黄的日记本，一页页地翻看着，这些孩子和青春期少年在我的眼前一一掠过：他们带着满腔的仇恨，冲着老师大发脾气，对老师平和的谈话充满敌意，并和老师对着来。

人情味、亲切感、体贴他人和富有同情心的品质是对付邪恶的道德力量，只有在孩童时处于一个良好的人际关系中，经过"仁爱学校"氛围的熏陶才能培养出来。而充当这所"学校"的，只能是一个温馨的家，也可能只是一对相爱父母的言传身教。

只有用爱才能培养出一个人的爱心，就像只有用火种才能点燃火炬一样。

我还记得十二岁的科里亚。当我读到有关卓娅·科斯莫杰米扬斯卡娅英勇壮烈的事迹时，男孩的眼中透出一丝恶意，他说："这不是真的。"

"你为什么这么想？"

"因为所有的人都在骗人，因为这个世界上根本没有真话。好听的话是用来编书的。"科里亚深深叹了口气，低声说道，他好像身负重荷……

一个小孩子要承受多么难以承受的痛苦，才能到这种地步啊——不再相信真理、善良和人性！这个男孩曾生活在可怕的谎言、伪诈和欺骗的氛围中。他的母亲被三个男人骗了三次，却没有一个成为她真正的丈夫，留给她的是三个儿子。她每天都跟孩子们说：谁也不要相信，什么也不要相信，只要能骗就去骗；谁越会骗，谁就越是赢家。她亲自教孩子们行骗、伪装自己、偷盗。我们在学校的班级登记簿上毁掉了记录着父亲姓名的一页，被毁去的原因是，在每个班级中，都有这样的孩子，只要一提到父亲，就像往他们伤口上撒盐似的。我们不去追问这些孩子的父亲在哪里工作，我们会通过其他途径去了解，因为学校有必要了解他们的情况。

我们国家有多少这样的孩子？十多年来，公众一直要求废除在出生证上"父亲"一栏用横杠代替父名的法律，这样的法律是违反正常思维的，是与我们的道德规范背道而驰的。《文学报》的最近一期杂志上刊登了警官弗·奇凡诺夫中校与该报特约通讯员勃加特的有趣对话。睿智且经验丰富的弗·奇凡诺夫，根据多年工作经验，能够精准剖析出青少年细微的心理活动。弗·奇凡诺夫认为，目前犯罪的根源之一就是个人的内因。是的，不管是谁，在什么情况下，都必须保有自己的人格，任何外界的因素都不是开脱罪责的理由。可是，这种观点却有其局限性。试想，如果我们视犯罪行为是一个根深蒂固的现象，你就会联想到很多外界因素的影响。也就是说，只要我们当中还有罪犯存在，那就意味着一些人在社会、道德、精神、伦理关系等方面存在某些问题。

所有违反道德的行为问题都主要归咎于学校，这已经是一个普遍现象。这使得公众对此产生了误解，尤其是父母。许多父母认为，既然一切归罪于学校，那就是说，学校总有办法来解决思想道德教育的问题。要是老师们真把这当回事，想办法来管教学生的话，不是一切都迎刃而解了吗！既然学校可以决定所有的事情，或者说几乎所有的事情，那么，家庭在教育中的作用也就无足轻重了。现在还真有一些父母对此深信不疑。

不难想象，这种观点会导致怎样严重的后果，其实这样的后果已经产生了。有许多父母，尤其是年轻的父母，都坚信自己的任务就是生孩子，把孩子带到这个世界上，教育是社会的事。

从实质上讲，所谓社会教育的概念，目前指的也不过就是学校。社会对年轻一代成长的关注似乎与家庭无关。有谁知道,家庭的稳固是最重要的社会问题之一,青少年的思想道德问题正是取决于此。

每个人都必须深刻理解:他对社会的义务,对社会最重要的贡献就是抚养自己的孩子。孩子的第一任老师,首要教育者,就是母亲和父亲。未来的父母应该在中学时就获得教育学知识,教育学应该成为所有人的学科。我认为,如果不掌握教育学的基础知识,年轻人就无权组建家庭。也许,这听起来有点儿夸张。

社会教育就是家庭—学校教育。一个人的精神形态,一个人的自我再现和自我完善,都可以在儿女身上体现出来。这是一份崇高的杰作。

我们需要通过一项法律,来规范父母养育子女的责任和义务。我们应该建立一套严格的程序来规定,在父母都健康的情况下,无权将其子女随便移交给他人抚养。如果父母在精神上丧失了养育的权利,并证明确实是有精神上的障碍,那么他们的孩子则应该送到"儿童之家"[1],由社会来抚养。

---

[1] 类似于国内的儿童福利院。——译者注

近年来，对社会教育本质的认识存在一个误区，这导致人们对学校的教育存有极大的依赖性，这种只图满足私欲的风气不仅已深入渗透到了学校中，甚至还渗透到了学校的组织生活中。

我们不妨来看一下，弗·奇凡诺夫在"关于罪恶与惩罚的对话"一文中所说的"精神依赖"是如何产生的。只要快要到夏天的时候，老师们就得不到安宁了：老师们，你们想没想，怎么安排高年级学生的暑期生活？

于是，本应享有一整个暑期休假的五十岁老师，就会被派到夏令营当带队老师，名为"劳动夏令营"，其实这些高年级学生要干的活微乎其微，甚至有时根本就是无所事事，而对这些无所事事者还得看护着，表面上还要冠上一个"文化休闲"的名号。

一位中学校长决定换一个做法：让十七岁的高中生利用暑期到拖拉机队和田间去锻炼一下。小伙子们兴高采烈地开始体验劳动生活了，可是校长却被约谈了，谈话的结果可想而知，非常不愉快：这怎么能行呢？没有团队，没有墙报，也没有人组织他们晨练……难道一个在青少年时期坐享其成的人，可能成为一个经验丰富的战士吗？可能成为一个不屈不挠、无所畏惧的有用之人吗？

前不久，在我们这的一个村子里发生了一件事，结果成了大家的笑谈：农场俱乐部附近有一个排球场，球网烂了，撑球网的柱子也东倒西歪的。有几个二十岁左右的年轻人向该区报社写了一封信："岂有此理，他们竟然也太不把我们这些年轻人当回事了吧！"地方报社又向党组秘书发了函。

为了避免麻烦，秘书派了几个农场的老木工，为年轻的小伙子找了几根电线杆替换了那两根腐烂了的柱子。而编辑部收到了正式答复："已采取措施。"

有些人还真以为运动场和舞蹈场建造得越多，乒乓球台安装得越多，年轻人的犯罪率就会越少。多么天真幼稚的想法！坚强的道德信念，抵抗邪恶的内在力量并不取决于舞台和乒乓球台。每个青年男女都应该有自己崇高的人生目标和丰富的精神追求。什么才是主要的？书。为什么青少年在晚上无事可做？为什么要为他们寻找一个消磨时间的去处？为什么要我们想方设法来考虑怎么为他们打发时间？这是因为，他们从小就习惯了一定得有人围着他们转，讨他们欢心，让他们快乐，事无大小一律"全包"。这是因为，享乐主义精神和依赖心理从小就在他们的灵魂深处生根发芽了。他们认为：我的事就应该有人为我安排好，我的事就应该实行"全包制"。为什么一个青春期少年，每天都一定要去什么地方独自消遣？不是去文化宫，就是去青年咖啡馆，要不就是去打乒乓球？为什么他不想坐在家里读书呢？为什么他只喜欢随便找人聚会聊天，却不喜欢和家人待在一起呢？为什么一个十几岁的孩子不能挽着自己母亲的胳膊去剧院看一场演出，或到俱乐部看一场表演呢？这说明什么？这再次说明，实质上我们就是没有把家庭教育纳入社会教育体系之中。

当谈到精神依赖的根源时，一定不能忘记，其中最危险的是谎言氛围，或者更可怕的是半真相氛围。一个人在孩提时期，当他感到有人在向他隐瞒什么时，他首先感到的是困惑和沮丧，然后就会想：可能就应该这样吧，那就让别人为我做决定吧，让他们选择吧，反正他们会承担一切的。

我们不能把在日常生活中和公共组织活动中的过错统统归咎于学校。

不要害怕温情

我曾经跟少管所一个十五岁的孩子谢尔盖交谈过。他长得很弱小，我只想问他："孩子，你是因为什么来到这里的？"他备受压抑的思想和情感，都表现在那张秀气的脸上和那双蓝色的眼睛里。他的眼里充满了悲伤和痛苦，这使我感到非常沉重。

机缘偶得，谢尔盖读了我写的《独特的人格》一书，之后，他便给我写了一封信，请求我"听听关于他生活中的故事"，所以我来找他。从谈话的那一刻起，我就很惊讶，一个孩子，举手投足中还带着稚气，而与之形成强烈对比的是，他却有着这个年龄的孩子不应有的眼神、思想和经历。通过他的故事，我了解到了他的家庭生活，了解到了他的父母，了解到了他所就读的学校。这一切令我震惊，使我想到了教育中最棘手、最迫切的问题：对成人和儿童的教育，以及如何建立他们之间的关系。

当听到谢尔盖诉述自己的"人生故事"时，首先浮现在我眼前的是一个可怕的、震惊的、不可思议的画面，难道这就是我们的现实生活吗？

后来，当我和谢尔盖来到他的村子里，了解了他童年生活过的家庭和学校后，老人们常说的一句话在谢尔盖身上再次得到印证：父母和老师留在一个人内心的深刻印象，将影响他的一生。

谢尔盖的父母都是农民，他们住在乌克兰南部草原上的一个大村庄里。谢尔盖还有一个六岁的弟弟和一个五岁的妹妹。一年前，谢尔盖因一次严重犯罪被送进了少管所。

谢尔盖说："这一切都始于我上三年级的时候。有一天，我夜里醒来，听到父亲和母亲在吵架。因为在我的房间里听不太清楚他们在吵什么，我就起身走到门口，轻轻地拉开一道门缝，当我听到他们的对话时，我惊呆了。父母决定离婚。'离婚意味着什么？'一个念头在我脑海闪过。我明白，这意味着父亲和母亲将生活在不同的地方，而父亲和母亲谁都不想要我。父亲坚持要我和母亲在一起，而母亲却说：'儿子应该跟父亲在一起，我管不了他，他早就不听我的话了。'他们吵得越来越厉害，父亲说，我可能不是他的儿子。我第一次听到父亲说出这种带有侮辱性的话，这样的话让我感到十分害怕。"

在悲伤和绝望中，小男孩拖着沉重的脚步回到床边。他躺在床上，却无法入睡。早上，他起床去了学校，那天，说好了三年级学生要到森林去的。叶卡捷琳娜·彼得罗夫娜老师本来在前一天就交代好了，每个人都应该带点儿吃的，有的带面包，有的带火腿，有的带土豆，大家准备在森林里野炊。让谢尔盖带的是两杯米，想熬点儿粥给大家喝。你想，这时的谢尔盖还顾得了那么多吗？

"你带的米呢，谢尔盖？"老师问道。

谢尔盖没说话，对他来说什么米啊、森林游啊、篝火啊都无所谓了，他已经顾不了那么多了，这些与他所受到的打击相比太不足挂齿了。

"老师又问了我一句，我还是没说话，后来也不知道我嘟囔了一句什么，我自己也不记得了。晚些时候我才知道，从我嘴里溜出的是一句不礼貌的话：'您为什么要对我纠缠不休？'如果说，一天前有人跟我说我敢那样回答老师，我是绝对不会相信的。"

我一边听着谢尔盖的故事，一边想：为什么老师就没有从他的眼神中看出一个孩子的忧伤呢？一个老师的教育修养竟缺乏到如此严重的地步：既不能明白，也感受不到一个学生内心的困惑、悲伤和痛苦！要知道，就是这个瞬间就可以决定他未来的命运,决定他的一生啊!

"你不用去森林了!就待在家里吧,孬种!"叶卡捷琳娜·彼得罗夫娜老师吼道,"你不但今天不能去,夏天的活动和秋天的活动也不用参加了。总之,你以后哪儿也不用去了,不管什么时候都不用去了!"谢尔盖的胸口堵得厉害,眼前一片漆黑,他不知道该去哪里。他来到学校的花园中,这里成群的蜜蜂在紫苑花上面盘旋,长满丰硕的甜樱桃的树枝在微风中轻轻摇曳,百灵鸟在蓝色的天空歌唱。如此的美景并没有带给谢尔盖一丝快慰,反而让他倍感难受。

"我是一个没人要的人!"当这种想法在他心中产生时,一种邪念也随之在他心灵的深处燃起了:"好啊,你们竟然伤害我,那就别怪我不客气,你们会为自己的所作所为付出代价的!"他很想看到叶卡捷琳娜·彼得罗夫娜眼中的悲伤和痛苦。他不希望他的伙伴们、他的同学们过得比他更幸福,他希望那些人像自己一样生活在痛苦之中。

"我并不知道我要做什么,我开始疯狂地把花园中的紫苑花撕得粉碎,然后把撕碎的花瓣撒在草坪上。所有的花被我糟蹋得一塌糊涂,接着我冲向了像绿丝一样的小草,薅断了小草的草茎,捻碎了红色的虞美人。我只记得,这之后,我便坐在一堆被撕得乱七八糟的花瓣中大哭了起来。"

这个时候,哪怕有一个人能走到谢尔盖身边,同情地问他发生了什么事,真诚而友善地跟他说句安慰的话,他的生活也不会像现在这样,绝对不会的。而相反的是,这时走向谢尔盖的却是一个不友善的人,带给他的也不是柔声细语的安慰话,这个人是学校保安。他看到谢尔盖把整个花园搞得一团糟,就大吼道:"喂,这是谁在捣乱!啊,你这个混蛋!孬种!看你把花园搞成什么样子了?等校长来了一定把你赶出校门!"谢尔盖没有作声,默默地回家了。第二天,他没去上学,在芦苇丛中躲了一天。他点着了火,烤了土豆。最后是父亲找到了他。

"他用腰带教训了我一通后把我送到了学校。少先队队长拉着我的手,带着我从一个班走到另一个班,让所有同学都能看到我,并说:'你们看,是谁把美丽的花园搞得一团糟的。你们说,我们该如何惩罚这个捣蛋鬼?'我什么都没看见,我只听到有人建议把我开除出校。"

谢尔盖虽然没有被学校开除,但后来的日子却不怎么好过了。老师们时时处处都会警告他:"谢尔盖,你是个小祸害。"同学们都出游了,唯独没有谢尔盖的份儿,他只好乖乖地回家。父母更没时间管自己的儿子，他们的脑子里想的全是别的东西。父亲已经打算要去什么地方，东西都整理好了，有的用绳子捆着，有的整理到了皮箱里。可是不知为什么，他到现在都没走，打包好的东西和箱子都放在衣柜旁边。

快放暑假了，全班同学都沿着第聂伯河旅游去了，他们去了卡内夫，到了基辅。谢尔盖曾喜欢看介绍到远方旅游的书，此时，他只能想象同学们到外地旅游的情景了，而自己却是谁都不疼爱的孩子。他越想越难过，一种难以名状的怒火在心中燃起。同学们到外地旅游的那一周对他来说简直就是一种煎熬。愤怒和仇恨在孩子的心中滋长，他开始仇视所有的人。以前，对谢尔盖来说，阅读带给他的是一个可爱而迷人的世界，可是现在对他来说，这个世界似乎也变得虚伪了，他不但不再相信任何人，就连书里的东西也不再相信了。他内心躁动不安，有时一个人在橡树林中漫无目的地踱来踱去，有时沿着池塘的岸边转来转去，甚至荒草地也成了他经常光顾的地方。他实在无聊时就在灌木丛中点一堆火玩。也不知在什么地方，他找到了一条不知被谁丢弃的老流浪狗，这只狗成了谢尔盖唯一的朋友，他把弄到的土豆和肉喂给狗狗吃。没有熟食时，他就从家里逮一只鸡杀了，用火烤熟和他的狗狗朋友朱奇卡一起分享。

这难熬的一周总算过去了，大家又重新回到了学校。谢尔盖看到旅游回来的同学们个个晒得黝黑，大家都兴高采烈的。叶卡捷琳娜·彼得罗夫娜老师亲热地对小佐娅微笑着，还拉着她的小手。谢尔盖心里酸酸的，很不是滋味，一个念头在他脑中重复着："我是个没人要的人，谁也不需要我。"愤怒再一次油然而生：别人的幸福变成了点燃这个孩子痛苦的导火索，他难以忍受。

"我想再给那些感觉幸福的人制造点儿痛苦和悲伤。我去了学校，溜进温室，把温室里栽培的植物又肆虐了一番，还在地上点着了火，然后溜之大吉。我站在远处观望，看着温室的框框架架燃烧后一根根地散落，一种快感充满了我的内心。这下他们可没法怪我了，因为谁也没有看见我。老师责问了我很长时间：'这都是你干的吗？'要知道，我现在学会了撒谎，我看着大家的眼睛肯定地说：'我做梦都不会想到会有这样的事发生，温室着火的时候我在家里，不信，请问我妈去。'"

谢尔盖沉重地叹了口气，好像是一个已在生活中历经磨炼的老手。谢尔盖的痛苦让我感到心中憋闷。我真想把他的父母和老师都约到这里来，我要告诉他们：一个孩子心中的仇恨是最可怕的，是我们难以想象的。你们怎么就能让他到了如此痛苦的地步呢？你们为什么就没看到这仇恨的萌芽呢？

这么多年过去了，谢尔盖一个人孤独地生活着，竟然没有一个人给予过他温情，哪怕是轻轻地抚摸一下他的头也好，更别说跟他敞开心扉交谈了。父亲和母亲散了又聚，聚了又散。谢尔盖不仅一次听到父亲对一个女人——他的母亲——恶心而极具侮辱性的谩骂。在学校，老师让他坐在了最后一排。老师们曾尝试着在课后把他留下做作业，但最终还是无济于事，只好作罢，说："自己想做什么就做什么吧！"一个孩子的心就这样麻木了。谢尔盖逐渐变得无情无义。

那是一个秋天，谢尔盖已经上六年级了，他们要收割学校种植的玉米。女孩子们在地头折叠手帕和食品包玩。谢尔盖第一个掰完了玉米，走到手帕旁，用脚把手帕碾到了泥土中。他这样做的目的并不是要给谁造成伤害，连他自己也不知道为什么要这样做，他已经变得麻木不仁了。当然他因自己的行为而受到了惩罚：他被禁止进入学校的手工作坊和体育馆，而他的父亲，"只要一听到老师告我的状,就会像往常一样二话不说,对我拳脚相加……"

"不管是学校的惩罚,还是家里的惩罚,对我根本就无济于事。只是父亲打我的次数越多,我心中的仇恨就越大。而对于学校的处罚,我无话可说。他们只是想对我的伤害更深一些,我一直都是这样认为的。

"其实,对我来说,唯一喜欢的课就是手工制作,这一点校长是知道的,可他却禁止我进入手工作坊。很快,一台钻孔机旁的一个发动机烧坏了。校长压根也没猜到它是怎么烧坏的。

"就这样,还有就是我最后一次干的坏事,也是我被送到这里的原因。现在提到这件事我很惭愧,也许,有惭愧感是一件好事。我想把无情与冷漠从我的心中驱除出去……"

他虽然没有详谈他最后一次犯下的罪行,但我清楚。过新年的时候,当所有的孩子都兴高采烈地围在圣诞树周围时,他将一截儿电线剪下来搭在了另一根电线上,引起了火灾,造成两个学生终身残疾。

"在调查期间和之后,我曾多次被问道:犯罪的直接原因是什么?也许是因为你被禁止参加新年圣诞活动?不是的,我没有被禁止。多年的孤独和寂寞使我的内心积攒了太多的仇恨和愤怒，甚至可能是残酷、残忍。现在我对自己有了更深的了解，是好是坏我不清楚。自从我得知父母都不需要我的那天晚上起，我再也没有听到过一句好话。"

谢尔盖的"人生故事"接近了尾声。我想说，我的小朋友，你的内心承受了多么大的伤痛啊，为了摆脱孤独，你就得变得如此冷酷、如此无情！考虑到谢尔盖与老师之间这种一波三折的关系，我甚至有了这样的想法：难道作为一个真正的老师，竟然可以把你所有的天才创造力和想象力都用到对付一个孩子的身上吗？以此来标榜你对一个"坏人"的惩罚，以至给他造成无法弥补的伤痛吗？为什么要这样呢？为什么一个男孩的心会被寒冰坚实地包裹起来？为什么在学校没有人能用温情、真诚和同情心去抚摸这块坚冰？为什么在你们大人的眼中对一个只有十岁的孩子就只有怀疑和不信任？这真的令人害怕。

我从谢尔盖的眼神中看到的不只是痛苦和悲伤，我还看出了他想成为一个"真正的人"的渴望。包裹在孩子心上的那块坚冰在开始融化，他试图打破那块对人不再信任的冰壳。现在，少年谢尔盖在竭力进行自我教育，并力求说服自己：当时的叶卡捷琳娜·彼得罗夫娜老师也只不过是想教他知识，教他做人而已，并无任何恶意。

难道作为一个老师可以到如此地步吗？让一个不听话的、固执的学生站墙角[1]，还像耍猴一样，命令他："停，走，走，停……让同学们'欣赏欣赏'你那双臭脚。"

谢尔盖在快结束他的遭遇讲述时，说道："我在这里感觉很好。这里没有人用怀疑和不信任的眼光看我。我明白，教官也希望看到我好的一面。"

"我觉得我好像得到了重生。最近发生了这么一件事：在手工作坊里，我在打磨一个小零件时用的方法不对，师傅生气地说：'唉，你真的该打，因为你不自信。你要明白，你毕竟是一个人嘛，你本来可以把这个小零件做得很漂亮的，你知道吗？这是你亲手制作的零件，它体现的是你的灵魂，你的脸面，这是你心、脑、手合作下的杰作……'这些气话对我来说简直就是一曲美妙的音乐旋律！我能感觉到，师傅是为我好，这是我第一次为我自己感到羞愧。请您相信，这是我第一次有了羞愧感。我为自己高兴，我

---

[1] 有些俄罗斯家庭会用站墙角的方式来惩罚不听话的孩子，但是幼儿园和学校一般都不会使用这种方法，认为这是一种带有侮辱性的惩罚，但有的老师还是会这样做。所以从作者的观点来看这是不可思议的。——译者注

的心在颤抖。这真的是您在书中所描述的'一个人的觉醒'吗?难道在我的内心世界真的唤醒了一个'人'吗?"

这个少年惊人的灵魂忏悔,就这样永久地留在了我的心中。这也成了我对教育问题担忧的根源,很值得深思。不管你有多懊恼,也不管你觉得有多委屈,但我一定要说,亲爱的老师们,教育工作者们,我们必须承认,在学校教育中,存在着太多太多纯属教育修养的问题,其实已不是缺乏教育修养,有时甚至是愚昧无知。首先,大家忘了一个最简单又最智慧的真理,即对一个人的教育,首先是对他内在的培养,对他心灵的培养。就一个人精神财富的协调性来讲,那曲柔和美妙的旋律非心莫属。在我看来,在情感教育中常常导致悲惨结局的罪魁祸首之一,就是无教育修养行为。在多数学校,当一个孩子初入校园时,就会遇上这种邪恶的无教育修养行为。学校里存在的大喊大叫、神经质的大嗓门儿等现象,已成为师生关系中习以为常的一道"风景线"。要知道,一个学生五六个小时都处于超常的紧张状态中——在老师的叫喊声中,在桌子的敲打声中,在神经质的、粗喉咙大嗓门儿的语音语调中,这不仅会对学生的身心健康造成伤害,而且对他们的精神道德发展也会造成障碍。焦躁不安和神经质,都会造成孩子们精神上的过分紧张和内心的伤害，从而导致他们对正常的声调和语音失去反应，只有用更强更大的语音他们才会有所反应，也就是刚才我提到的叫喊声，敲打桌子声，有时甚至得用威胁的手段。所以，绝对不能让无教育修养行为抬头。当一个孩子的心长年累月都处于过分紧张的状态时，我们看到的是什么呢？他的感觉会变得迟钝，他的心会变得麻木，对别人柔和平缓的语气会反应迟缓，尽管这本应是时时刻刻都该感受到的，因为这种语气对培养一个人的体贴心是非常重要的。若长期处于紧张、焦躁和叫喊声中，连老师自己最终都会丧失这种柔和平缓的语音语调。

来自加里宁地区的一位年轻老师告诉我："我在学校工作已是第六个年头了，我觉得我对孩子们说出的话越来越'干巴巴'的。我的语言失去了'真诚的修饰'，因为我不得不总是提高自己的嗓门儿去压下教室里嘈杂的声音。我觉得我的语言越是'干巴巴'的，孩子们对我的话就越是无动于衷，我就不得不再提高嗓门儿，甚至到了威胁的地步。放学后，我拖着疲惫的身子回到家，头昏脑涨，好几个小时都没法做事，直到晚上我才能稍微平静下来，开始做点儿什么，结果，看一晚上的书，第二天早上起床后又是昏昏沉沉，头重脚轻……"

学生，尤其是青春期少年，在焦躁、紧张、过度亢奋的气氛中度过了一天之后，他们同样是拖着疲惫的身子回家，到了家就像泄了气的皮球，什么也做不了。坐在那里，头大心累，看着一大堆作业犯愁，最终导致做作业成了他们的负担，成了一种不折不扣的折磨。最后，不求甚解的知识、头痛、疲倦促使他们同样表现出冷漠，这时，只有动用大喊大叫的手段才能"有效"。让我们来留意一下这个怪圈吧！请大家想想，我们带给自己和孩子们的危害有多大，我们竟忘记了教育修养的基本真相。怒吼、焦躁和紧张将老师带到一个更加耻辱、可怕的无能教育的死胡同：学校从本质上来说应该是人道、人性的圣地，是人们最美好的情感、最崇高的灵魂的颐养殿。然而，它却成了一个独断专行和没有公正的地方，虽然这听起来好像有点儿野蛮。老师不知道该如何对待违反纪律、搞恶作剧的学生，认为这是学生故意为之，于是使用惩罚这种"有效"的手段。对教育的无能驱使他们诉诸暴力。是的，在写下"暴力"这个词之前，我想了很长时间。独断专行和不公正常常是暴力的孪生兄弟，它们伤害了孩子的心性、意志、思想和情感。哪里有暴力和独断专行，哪里就会启用不公正的、"有效"的惩罚手段，哪里就失去了教育本身的意义，剩下的就只有孩子们最不愿看到的结果,老师完全变成了一个监工。

我认识了叶卡捷琳娜·彼得罗夫娜,也曾见到过她。我真的为那些曾被她教过的孩子,现在还被她教着的孩子,以及将来还要在她手下学习的孩子的命运感到担忧,甚至害怕。这样的人是不会去感受孩子们的内心世界的。她对待孩子们那一颗颗受伤的心时,用的是一把锈迹斑斑的锯子,而不是用醇美的甘露来为他们减轻痛苦,医治伤痛。要知道,那时的这个孩子——谢尔盖的心就完全取决于她,在等待她的挽救,而绝不是让她将仇恨与残酷强加于这个孩子的身上。

当然,如果在当今社会的某个学校,还有人使用棍棒、皮鞭来教育学生,或者给学生耳光,那不仅荒诞而且野蛮。虽然这些惩罚早已不复存在,但是,心灵的棍棒和皮鞭,以及往孩子们精神伤口上撒盐的事并不罕见。这些都体现出了无教育修养行为给我们这个社会带来的诸多恶果,给人们带来的痛苦和不幸。本来,一个人不仅应具有丰富的思想文化,高尚的精神世界和健全的人格体魄,也应是一个充满快乐和幸福的人。这种无与伦比的财富应该是我们这些教育工作者、老师以及我们的家人所给予的。

然而……

我对那些无知者们对一些老师不公的指责总是感到气愤，对此，我只有不屑一顾。而有些父母，还有一些人根本不懂得一个真正的好老师的工作有多么困难和复杂。我认识一些老师，他们对教育的付出真可谓是英雄壮举，而我们国家有成千上万这样的老师。

但是，我也很难过地说，还有极大部分的人生悲剧是由阴暗的无教育修养行为造成的，这带来的后果是什么呢？最终，这些青春期孩子被学校写入"辍学"一栏，只能被迫离校；还有更坏的情况是，他们被送进劳教所，在那里度过几年可贵的少年时光，就像谢尔盖那样。正像我们常说的那样，无教育修养行为几乎总是学校和家庭的组合物，这也不足为怪，这就是家长的愚昧和冷漠与那些可怜而又无知无良的老师的结合体。每当我们谈到此事时，就会听到我们的老师谨慎的警告："干吗要这样开诚布公地说呢？这下家长可有说的了，他们会认为，学校应该为此承担一切责任，接下来我们的工作难度就更大了。"我认为完全没必要担心。那些为自己孩子命运负责的父母完全理解教育难点的根源和成因，他们从不掩饰自己的过错。在过去的几十年中，父母的教育修养毫无疑问得到了不可估量的提升，为了使我们的学校教育得到完善，我们必须十分清楚社会赋予我们的重大使命。

记得去年新学年开学的第一天,一个父亲带着孩子来一年级报到,父亲也是十四年前从这里毕业的学生。我对他印象很深,终生难忘:一个固执任性、刚愎自用又不听话的男孩,而他的要求对他叛逆的性格来说又总是表现得好像非常合理。他拉着儿子的手,激动地力求用最恰当的方式来表达自己的想法,他请求道:"儿子的性格与我一模一样。如果您发现他身上有什么毛病,请不要在其他孩子面前指责他,否则会适得其反,他会自闭、保持沉默,老师让他干什么他偏不干什么。但是,如果您背着别人批评他的话,他反而会更努力,会尽量改正自己的缺点,会变得更加优秀,这是我从自己身上得出的经验。"

无论我们的学生有多难教,让人觉得有多么"绝望",多么"不可救药",可在他灵魂的深处,总会发现那么一丁点儿美好的东西。如果我不相信这一点的话,教育对我来说那真的会是一个负担,而对受教育者来说也是一种折磨。打个比方吧,一个大夫走进了病房,他会怎么对重病患者说呢?他会说"您的病情很严重,已无法医治,您该准备棺材了"吗?果真如此的话,那这个医生的无情定会遭到公众的严厉谴责,况且他能不能在医院继续待下去还很难说呢。然而，在学校，类似的情况却司空见惯。那些难教的学生不仅被视为"不可救药"的人，并且还被告知家长，甚至在家长会上，在公开场合，处处让大家知道他是个没用的孩子。公开指出孩子的智力缺陷，故意"呵斥"他，并痛击他内心深处最敏感的地方，你要知道这对孩子的心灵造成的伤痛是无法愈合的，用棍棒一次次地重复伤害孩子稚嫩、敏感的心灵，会渐渐地毁掉它，他会变得不顾尊严，对一切都麻木不仁、无动于衷。难道在我们社交生活中最人道的地方——学校，还能看到比这更野蛮和更难以忍受的行径吗？你本希望孩子好好学习，成为众人的榜样，然而，一些老师却绞尽脑汁地使出了"有效"法子，将其荒诞而又冷酷无情地强加于孩子身上，此时，你会怒不可遏。在一所学校，一位女老师带了两名二年级学生参加家长会，她让他们朗读。一个孩子读得很流利，表达得又到位，也很有感情，而另一个孩子却表现得极差：他读得很费劲，磕磕绊绊，音节也读错了，甚至都不知道读的是什么。老师将一个人差的一面展示给众人，这就已经是一种道德上的邪恶，并且还公开羞辱他，这是何等不可饶恕的罪恶！然而，更让人无法淡定的罪恶是，这个阅读能力差的男孩在父母面前却非常平静，他没有觉得不安，没有感到苦恼，在众人面前公开羞辱他也没有对他造成任何伤害。这意味着那颗稚嫩、敏感的心灵不知已经被道德皮鞭伤害过多少次，以至于生命中最敏感的部位——心灵组织已结出硬茧，不管是对惩罚，还是善意的话，均已没有任何反应。

让我们来认真考虑一下，在我们生活的社会中，为什么有这么多青少年，正如一些大人所说，不管是好言相劝，还是采用惩罚，他们都满不在乎？为什么在一个美丽的白俄罗斯城市，当法官问到一个因严重犯罪而被人民法院审判的十八岁男孩学的是什么专业时，他公然挑衅地回答："流氓。"是的，因为在童年期和青春期，那颗为善良、友善和正义敞开的心早已遭到了不公正、不合理的惩罚和羞辱，他渐渐变得厚颜无耻。最终，那颗敏感、稚嫩的心，也被坚不可摧的冰壳包裹起来。

我经常收到很多来自父母和老师的信件。其中有一位女老师这样写道："一年级时，我们班有一个胖胖的小孩叫米沙。学校有一个早已约定俗成的规矩：值日生[1]只允许

---

[1] 现在，俄罗斯有的学校还有这个传统，各年级的学生会轮流安排值日，每天早上在学校主入口两侧，一边站一个学生为大家开门，早午餐时，值日生负责维持用餐秩序。——译者注

那些把鞋子擦得干干净净的学生进校门。一切井然有序，可是有一次，小米沙没来得及擦鞋，还迟到了。校长让他站在走廊里并命令他：'站这里，不许动！'我本不知道原来是校长要教训这个孩子的，我看到小米沙面壁而站，就问他：'你为什么在这里站着？'他没有说话，眼里含着豆粒大小的泪珠。我拉起小米沙的手，带他上课去了。您猜怎么了？校长和所有老师都对我的做法感到气愤，他们开始往我身上贴标签：她想当好人哪，竟然纵容违反纪律的学生。听到这些话真是又气恼又委屈。人性怎么就如此野蛮呢？"

还有一个老师，在二年级学生的日记本中写道（当然，是给父母看的）："瓦罗嘉在课堂上总是在笑。"母亲读罢，一头雾水，儿子在笑，什么意思啊，是好还是坏？接着，日记中再次出现了如下评语："瓦罗嘉继续在笑，要采取严格措施。"于是母亲痛打了孩子一顿。瓦罗嘉不再笑了。

除了这些令人气愤的信之外，还有一位来自顿涅茨克州利曼市的退休老人彼得罗夫斯卡娅写信给我："我们这里出了一个规定——只要有哪个学生不好好听老师讲课或是与同桌说话，他就会被叫到黑板前。有一个学生没有站到黑板前，而是直接从教室出去了。老师到办公室报了警，说某某同学干扰我们上课了。在我们这里,将'违反纪律者'交给警察管已成为一个普遍现象;'行为不良'的学生会被课外文化学习班拒之门外;还禁止文化课不及格的女生到音乐学校学习,只有优秀的学生才能进入芭蕾舞学校[1]。第一中学的教务主任把一个学生的母亲叫到学校,对她说:'您的儿子放学后在校园里跑来跑去的,这要跑到什么时候?'母亲答道:'他为什么就不能跑?这有什么不好吗?'教务主任回道:'哼,我还从来没有见过这么一个无耻的母亲。'"

这就是心灵皮鞭造成的伤害,它使孩子成为灵魂残儿,使他们变得残酷、冷漠、无情,对什么都无动于衷,最可怕的是他连自己的荣誉和尊严都不顾。来,让我们稍动一下脑子,一个在孩童时期就被"请"进过警察局,不止一次被拎到大庭广众面前,甚至在父母面前公开接受"批评"的人,长大后会成为一个什么样的人?还期望那个被彻底践踏过的灵魂,那个一再成为"公众人物"的人,能对社会上的法律、法规有所尊重吗?要知道,对他们来说,这个世上已没有什么圣洁可言。

---

[1] 在当时,甚至现在,所有艺术类、体育类的学校都是免费对中小学生开放的。任何人都享有接受文体教育的权利。——译者注

温情是一种神奇的精神力量，只有它才能够使人的心灵免遭粗暴和愤怒、残酷和冷漠，只有它才能将你从糟糕的没有人性的人际关系中带到微妙而含蓄的内心世界去，那里，你听到的是柔声细语、坦诚而真切的良言忠告，这就是我教育理念的基石。也许，我的同仁中有人会鄙夷地嘲讽：嗯，好吧，就用温情来教育学生吧！那就等他们骑在我们的头上吧！有太多的理由让你们相信，大人的冷漠、无情和愚昧只能使孩子的内心产生邪恶，而不是温情。能够坐在大人头上的、成为无耻之徒的、对他人的忠言和温情报以嘲讽和讥笑的人，是不懂得温情与善良的人，他们的灵魂长满了老茧，甚至走向了死亡。

温情，可不是信口雌黄，这是人性的体现。这是我们教育的本质，是核心。温情，可不只是一个美丽的词，它可以让人们和谐友好地相处，人与人之间就像朋友、兄弟一样，让我们生活在一个血浓于水的人际关系中！我们的教育，源于这个世界上人们的思想和理想、真诚与美好的融洽关系之上，它是最具人性化的实践。我要说的是：这是人类的理想，需要每个老师加倍地用心，用他的良知，以及他独特的人格魅力和纯洁的心灵来完成。

温情，不是对无所事事的孩子的纵容，更不是对他们任性与刁钻的包容。对孩子任性与刁钻的纵容，会使他走向堕落，使他变得残酷、冷漠、无情，也会使他的心性变得更糟。因此，一个任性、被滥施"温情"的孩子，看到和想到的就只有自己，而不是别人，这是一个自私的人，他的整个个人世界就只有"我"。我们现在所说的温情和善良，是针对那些有上进心的人，自重而又敬人的人。

温情，这个词隐藏着多层的含义，只有在爱的驱使下你们才能熟练地运用它。就像聋哑人无法理解音乐一样，缺乏人性的人是无法听懂温情之语的。通过温情来教育孩子，能帮助他确立正确的自我观，即自己是值得尊重和享有荣誉的天赋生灵。让孩子们从小就持有一颗体贴他人、纯洁、纯正的良心，决不能玷污、伤害它，让它变得无情、阴暗、麻木不仁和冷酷残忍，这就是我教育理念中最重要的原则之一。我认为理想的状态是，一个受学校教育长大的十八岁孩子对大人的话应该有极高的敏锐感，话语中哪怕是带有些微的不满和责备，都会使他感到内疚与不安。我不相信惩罚的力量，哪怕是带有一点点或是类似羞辱人格尊严的惩罚。羞辱始于以下情况：在众人面前品评孩子自身的缺点，把孩子们认为很隐私的东西公之于众，以己之见有意无意地扭曲孩子的灵魂，在同学、同伴面前将孩子本不应该被冒犯的地方翻个底朝天……

所有这些"有效"的惩罚手段都会严重刺伤孩子的心，会将它毁掉，渐渐地，这些屈辱与侮蔑将沉积在孩子内心的记忆中。

不管是在家里，还是在学校，都应该给孩子一个健康的心灵，都要使他们远离邪恶，远离那无形的精神棍棒的打击，尤其要避免第一次的冲撞，这是社会教育中最微妙的地方。如果在我们的生活中处处都是麻木不仁、内心充满邪恶的人，如果他们还没出校园就已经学坏了，那对我们这些老师来说，还有什么荣誉可言？

真不敢想象，一个麻木不仁、内心充满邪恶，在道德皮鞭下长大的人，当他成为一个领导时，哪怕是一个很小的领导，或者说他现在就已是领导，人们信任他，将命运交给了他，会有什么样的结果？要知道，这个小官僚的冷酷无情、愚昧无知、没有人性，正是他在童年时期和青春期时那颗稚嫩的心受到伤害的结果。我们不妨试想一下，一个麻木不仁、内心充满邪恶的人成了丈夫，做了父亲，这个家庭又会是个什么样子呢？家庭"暴君"来自何处？他们无一例外都来自同一个地方，来自那个充斥着愚昧，听不到良言善语和温情话语的地方，有的只是习惯性的，也是唯一的惩治手段，动不动就用粗大的手掌对他人劈头盖脸地毒打。即便是他们披上了精神的外衣，但内心仍是粗暴的。不管是在学校，还是在家中，都存在着这种情况。

知道孩子缺点的人越少越好，尽可能不让孩子所处的集体知道，这样会更好。毕竟，孩子的心灵需要我们的养护，我们要用最恰当的方式与孩子进行心灵的接触，这是一个最脆弱、最敏感的地方，我们必须加倍地谨慎，要用温情和仁慈的态度对待它。越是用善解人意的态度来对待孩子们的是非，越是能够很有分寸地去与孩子们进行心灵上的接触，他们就越会明辨自己的优缺点，也就越会向更好的方向努力。

集体教育的作用完全不是让整个集体变成田里的稻草人或是一个审判席。集体教育的意义是什么？只有把一个人的自尊心、人格、尊严和荣誉感树立起来时，集体教育才能培养出人格健全的人。集体教育的艺术和技巧在于，调动每个人的积极性，让他们都觉得自己应该为这个集体带来美好的东西，做一些好事，并且因为有这个集体的存在而使自己的生活变得更加幸福和美好。三十二年的教育工作使我更加坚信，在教育工作中有这样一个规律：只有当你看到每个孩子（幼童、青少年）身上的优点比毛病和缺点多得多时，集体教育才能成为强大的教育力量。这意味着集体教育是一份细致入微的工作，每位教育工作者与每个孩子的心灵接触都需要有体贴入微、善解人意的温情，以此培养孩子学会在集体中生存的能力。

读者可能会问：如果在一个集体中有捣蛋鬼，恶意违反纪律该怎么办？我坚信，幼童和青少年的内心之所以存有邪念，那是因为外在的原因，你只要以善治恶，他心中的邪恶就会消失。

在温情下，一旦一个人的自尊心建立起来了，奇迹便会出现，它能让孩子的内心产生羞愧感和内疚感。要选择恰当的词语与孩子交流，既不能有侮辱的意思，又能让他觉得有羞愧感，这是与孩子心灵沟通最重要的金科玉律之一。这样的词语你既不能从哪本教育学课本中找到，也不能在教授的讲义中听到。它发自我们的内心，要用感受对其加以修饰。只有我们用心说话时，孩子才会用心去听。你可以用最普通的话问孩子："这件事到底是怎么发生的？""我们现在还能为你做点儿什么吗？"这些话会触动一个人内心最敏感的角落，会让他为自己的所作所为感到不安，进而唤醒他灵魂深处最美好的一面。这种语言的神奇力量源于老师和家长对孩子的慈爱和对孩子深深的信任。形象地说，对孩子的慈爱和信任，就像托起温情之翼的大气。没有大气的浮力，小鸟就会像石头一样坠落于大地，看似最温情的话语也会变得黯然无声。

　　让美妙的心之旋律在我们的学校和家庭里荡漾吧！用温情与仁慈来抚摸世间那颗最稚嫩、最敏感的孩童之心吧！维护孩子的尊严，树立孩子的自尊心，培养孩子对善恶反应的敏锐感吧！就像绿叶喜欢朝向太阳一样，让孩子的灵魂也趋向仁慈与温情吧！学会用温情对待孩子吧！

致《皮鞭下的教育》一信的作者

读者们,首先是从事教育工作的我们自己,读完阿·布伦科娃的信后一定会说:这些都是个案。难道能以此为基础得出结论,提出质疑吗?信中提到的那些人若能为自己的所作所为感到羞愧,难道还不够吗?

当然不够,尽管我们的学校有那么多优秀的大师级教师,他们也都懂得孩子们的心,也明白孩子们的所思所想,但我们依然不能对孩子们的命运漠不关心,无视无教育修养行为的存在,即便这些都是个别现象。

对于父母和孩子们绝望的发问——"到底该怎么办?"我们不能视而不见,绝对不能这么做。要知道,这样的发问已反复出现在成百上千封读者来信中。

有人只是把学校当作知识的储备库。对他们来说,学生每天来到这里,就是从这带走一些什么有价值的东西。他带走的东西越少,就觉得越不好,要是仅仅带走那么一丁点儿,那他就会被视为一个没用的人。

我们都已忘记了国家赋予一个学校的使命——"一切为了人",这是一个不可想象的重任。我们,为师者,肩负着培养具有健全人格的人才之使命,这是最具有价值的社会财富,也是社会托付给我们的重任。我们是否还记得?

有一次,因工作原因,我去了一所新建的学校。这里的一切都很漂亮:宽大的教室,明亮的走廊,健身房里都设置了淋浴间。这时,一个画面进入了我的视野,不知哪个孩子往刚粉刷过的墙壁上抹了点儿墨水,校长、后勤副校长、值班老师都跑了过来,他们一个接一个地擦了又擦,都在擦洗墙上的那点儿墨渍。而这时,校门口有两个六年级学生在打球,他们没去上课。不管是老师,还是校长,谁都没注意到这一点。他们当时没注意到,一小时过去了还是没注意到。怎么会这样呢?难道对学校来说,擦洗墙上的污渍比对学生的教育还重要吗?

有时,当你看到一个学校为摆脱一个"学渣"所付出的巨大努力时,真的会感到痛心。本应把这些精力和时间花在更有意义的事上,可他们却花在了对付一个"学渣"的身上。痛心啊!要知道,一个孩子就是一个世界,无一例外。这是一个尚未开发和探知的世界,有待我们这些老师去打开通往这个世界的大门,引导他们走向自我认识和自我完善的境界。

针对"什么是教育"这个问题,如果从科学的准确性来说,我的理解也许会有误差,但是,我认为教育是一个让人不断提升、不断进取、辛苦劳累、苦中求乐的过程。

一个教育者的真正艺术,就在于他能够让自己的学生懂得尊重自己的人格,维护自己的尊严。如果一个孩子连自己都不懂得尊重,那就太悲哀了。

给我的一封来信中有这么几行:"小男孩在夜里尽量不惊醒母亲,他悄悄地起床后,轻轻地打开本子,涂改上面的分数。"如果他还有想法去弄掉那个2分,如果他还会因此感到羞愧,这就并不可怕。糟糕的是,一个放学回家的孩子,漫不经心地把书包一扔,父母问他:"今天的成绩怎么样?"听到的却是:"自己看去吧!"或者,还有一种情况,孩子干脆把本子撕掉,当老师问他把分数写在哪里时,他却满不在乎地回答:"愿意写哪里写哪里,要不写在我的额头上?"

一个生活在群体中的小生灵,当他有了"我"的意识时,他就希望自己能成为一个好人,当然也希望别人认为他是一个好人。我们的使命是尽各种可能去开发他们的潜力,让他们朝这方面发展。

有时，我们也需要了解孩子内心的痛苦，比如，他会自责：其他人的字写得那么漂亮，可我的字却写得一点儿也不好看；其他同学做数学题那么容易，可轮到我却不知什么原因，就是做不出来；他们都很优秀，而我却这么差；今天不好，明天也不会好……孩子怎么也不明白这到底是怎么回事，本来是和其他同学一样的，为什么自己一下子就变得这么糟糕？他因此感到羞愧。如果任其发展，不采取任何有效的挽救措施，久而久之，他的羞愧感就会消失，接着他就会渐渐习惯"跟别人不一样"的事实。然后，一个想法就会在他心中产生：不是每个人都应该是优秀的，总得有人是不优秀的。于是，冷酷与无情便开始慢慢侵蚀他的灵魂。

我不知道还有什么能比这更让人难过。教育的圣地本应以智慧和仁慈以及微妙且强大的精神力量为主导，而这时却贸然闯入了布伦科娃这样的"皮鞭下的教育"论，结果导致了悲剧的升级。即使只有极少部分的家长认为，皮鞭下的教育比温情教育更有效，学校也不可能完全成为一个人健康成长的乐园。因此，我们必须付出不懈的努力来颠覆这个天真的"皮鞭下的教育"理念，要毫不留情地阻止类似的家暴行为。也许布伦科娃说得没错：从理论上讲，悲剧的实质在于,有些老师与一些父母相比也差不了多少。

如果说,我明明知道小瓦尼亚的父亲天生就只会生养孩子,而不会教育孩子,在这种情况下,我还要把他的父亲叫到学校,跟他说:"您的瓦尼亚是个大懒虫,不想学习。"接下来会发生什么呢?估计我不说,大家也会猜得到。作为老师,我当然不会动手打人,而瓦尼亚的父亲呢?他一定会出手痛打孩子一顿,这就等于我借他人之手打了小瓦尼亚,那我就成了一个帮凶。

我见过许多自视为知识分子的人,他们仍认可并奉行"三天不打,上房揭瓦"的教育理念,并认为,如果不给孩子来点儿"硬"东西,就会导致某种生存能力的丧失。他们哪里知道,皮鞭下的教育不仅伤害了孩子的尊严,也摧毁了他的灵魂,从而刺激到了他内心最黑暗、最邪恶的一面:怯懦、仇恨和虚伪。那些在幼童时期从没尝过拳头和耳光滋味的孩子,是最坚忍不拔的,在邪恶面前也是从不妥协的人。

大概十五年前,一个叫奥列西娅的女孩来我们学校就读,她是一个小幻想家,她创作童话故事的能力着实让我们感到惊讶。有一次,在课间休息的时候,她一脸惊恐地跑到我身边,结结巴巴地说:"彼佳往格里沙身上……棍子,棍子。"原来，在她的词汇储备中竟然没有"打"这个词。她不知道一个人可以打另一个人，她的童年竟是如此快乐。然而，你能说由于这种"无知"，这个女孩就无法适应正常的生活吗？事实却恰恰相反，在她十九岁的那年，她遇到一个歹徒拿刀刺向另一个女人，她毫不犹豫地从歹徒手中夺下了那把刀，她虽然受了点儿伤，却救了另一个人，没让那个女人被刺死。

皮鞭抽断了大人和孩子之间的情感纽带，显然，也使父母和老师付诸教育上的一切努力注定以失败收场。如果说，为让一个小顽童表现得乖巧一点儿，还可以用巴掌吓唬一下，那么对一个青春期的孩子来说恐怕就无济于事了。既然体罚不会让孩子觉得可怕，良言相劝他又听不进去，家长的权威也用不上，那到底还能用什么来替代失效的皮鞭"威力"？接下来，孩子只有自行其便，幸运的话，日后的某个偶然事件会使他自惭形秽，或是某个偶然的遭遇能让他改邪归正。

不管是因为教育修养不够，还是因为不知如何用理性控制感情，只会挥舞精神皮鞭进行道德绑架的老师都是绝对不能容忍的。就像尊重不能容忍屈辱一样，对那些打压孩子和使用强硬手段对付孩子的行为，也要采取零容忍的态度。

要明白,这可不是布道,能宽恕一切。有时,从某些人口中说出来的"尊重""体贴"和"热心",听起来很别扭,显然他们是在利用这些词语来对孩子进行道德绑架。我敢肯定,真正严格的教育与打压和使用强硬手段是互不相容的。

是的,尊敬的老师们,在孩子对自己的能力还持有怀疑态度时,你们就向他们提出太多太多的要求,同时又认为你们的学生是"无用的学渣",这就如同你在退潮的沙滩上游泳,在涌动的沙浪中艰难地划船一样,结果可想而知。

学校不是知识的储备库,充其量只是一盏智慧的启明灯。学校里孩子们的天分各有不同,而作为教育机构的学校,最重要的任务就是培养、开发他们的潜能。

学校带给孩子的本应是快乐的学习和生活,可如果取而代之的却是孩子的不适与不安,难道你还能心安理得吗?天长日久,这种不适与不安,就会让孩子感到:我很糟糕。我这里有这样一封信:"我的女儿学习跟不上,总是得2分,她每天回到家都愁眉苦脸的。一天夜里,我被女儿的哭声惊醒,走过去问她:'你怎么了,孩子?''妈妈,我们去一个没有学校的地方吧！'"

在学校中培养人才，就意味着永远不要忘记，我们打交道的对象是一群思想尚未成熟的孩子。此中，有的孩子思维敏捷，反应之快就像一条湍急的河流，而有的孩子却反应迟缓，很难跟上节奏。但是，请不要急于用分数定论，更不能用分数来衡量一个人。在小学阶段完全没有必要给学生打2分，这对孩子来说无异于鞭子和棍棒。请不要斩断他们成为优秀孩子的渴望。

我们这里的小学有一条规则：在孩子各科成绩未达到3分之前，老师不许给他们打分。老师还会鼓励学生说："你再稍微用点儿功，你本来是很优秀的。"这样，孩子在渴望变得优秀的动力下，就会竭尽全力地认真学习。这就是我们前面讨论过的真正的严格教育之起点。当一个人还处于孩童时期，他的精神力量是用之不竭的，他会使尽浑身的力气，只为迈上一个台阶。一旦成功，他会欢快无比，甚至在睡梦里都会幸福地看到自己的进步，而并不是半夜里悄悄地起来涂改本子上那个可恨的2分。我们通过这种方式帮助了不止一个孩子，使他们免遭屈辱与强行打压。

当然，我们这样做，并不是说一个得2分的学生可以一路绿灯从一个年级升到另一个年级，而学校却熟视无睹。

果真这样的话,恐怕没有什么比这更残忍的了。我们之所以要这样做,只是为了唤醒一个孩子的自尊,如果一个孩子能够尊重自己,他就会想方设法按老师提出的目标来要求自己。

学校,是世界上发展人际关系最繁难的地方。之所以说繁难,是因为在这里,我们完成着一项伟大而艰巨的育人工程,虽然充满艰辛,但也不乏快乐。教育的智慧就是用"人类灵魂工程师"的眼光来欣赏我们一手培育的对象——我们的孩子们。

保护孩子心灵的纯洁

有时，生活中有些事实乍一看是无规律可循的。有一所学校发生了这么一件事。

在一所乡村学校的四年级有二十四名学生。老师开玩笑地说："我非常了解我的学生，他们一进教室，我从他们的眼神中就能明白，谁已经知道今天上什么课，谁还不知道；谁会回答得'很好'，谁会回答得'差点儿'。"

班上有几个学生，题做得又快又对。其中有一个让老师引以为豪的学生叫米沙，很有天赋。有些应用题他甚至都不需要先记下来，听老师说完一遍之后，答案就已经在他的脑子里了，口算也很厉害。无疑，米沙的成绩全部得"优"。老师和同学们对米沙出色的算题能力都很赞赏和钦佩，而这一切赞赏和钦佩都被米沙视为理所当然。

班上还有一个学生叫尼古拉。他的题算得也不错，只是速度慢了些。有时，老师给他打4分，但是在大多数情况下，老师只给他打3分，因为他算题的速度实在是太慢了。

可是，有一次，出乎意料的事情发生了，老师出了一个难题，把尼古拉叫到了黑板前来做。男孩胸有成竹地对题中给出的条件解析后，就不慌不忙地口头算出了所有步骤。全班同学好像都听入迷了，老师也很满意，这是四年以来她第一次给尼古拉打5分。

这时，教室里突然传出了呜咽声，同学们非常惊讶，一看，原来是米沙趴在桌子上哭了起来。老师一下子就明白了是怎么回事，因为米沙吃醋了，他心里不是滋味。米沙不能接受的是，在算术上他已不再鳌头独占了。

老师对此感到十分不安，对米沙很担忧，于是她忧心忡忡地来找我讨主意。我们思考了很长时间：这个可怕的念头到底从何而来？毕竟，这个男孩是生活在一个友善的环境中的，老师的打分也都是公平客观的。

谁知，这个坏念头早已悄悄潜入了这个孩子的心里，正在慢慢滋长。这个非同寻常的事例让我思索了好久，最终得出结论：有时候，发生在一个人身上的坏念头，猛一看是觉察不到的，好像根本看不到一点儿影子，可实际上，孩子是处于一种畸形的氛围中的，这种氛围让他形成了不健全的灵魂。

到底对孩子灵魂造成威胁的潜在危险隐藏在什么地方

呢？我们又该如何保护孩子的灵魂不受邪恶的侵害呢？如果你不在这块肥沃的土地上种植葡萄，不去灌溉施肥，那么，尽管没有人专门在此播下草种，它也会野草丛生。人类的灵魂也是如此。在一个人的童年时代和青春时期，必须通过确立美好的人生观来确保灵魂免遭邪恶的侵害。在孩子的成长过程中，即便没有人专门给他灌输邪恶，但如果没有人为了保护他灵魂的纯洁性而去教育、培养他树立美好的观念，也足以使他的道德观扭曲。邪恶的种子如此微不可察，直至它生根发芽后你才有所察觉，到那时为时已晚，这也是老师们为之头痛的原因。我们的重要教育原则是：要时刻保护孩子灵魂的纯洁性，以免邪恶的种子撒落在那块肥沃的土地上。

这些邪恶的种子到底是什么？它从何而来？怎么才能保护孩子免受其害呢？

邪恶的种子之所以会在一个人的内心生根发芽，是因为他的灵魂是空虚的。当一个灵魂缺乏圣洁美好的坚定信念，总是处于虚空状态时，邪恶的种子就会乘虚而入。灵魂空虚是最可怕的，因为对一个未成熟的孩子来说，若要让他产生一个不好的念头，完全用不着把他放在一个不好的环境中，他只要对人冷漠，放任自己的生活就足够了。

一个灵魂空虚的人，既体验不到做好事带来的幸福感，也没有抵御邪恶对灵魂伤害的能力。他的双眼似乎被蒙上，既觉察不到自己内在的善良，也感受不到属于自己的那份尊严。保护好孩子的灵魂，就意味着要确保在他的灵魂深处确立一个坚强的信念，这对孩子来说是无比珍贵的，这就是他的生命，他的荣誉，他的良知，就是家庭的和顺与福气，幸福与温馨。为了保持孩子的纯洁性，就必须在孩子的灵魂深处确立如下信念：

◎与人为善的信念，相信你的善举不仅可以带给自己幸福，也能带给他人幸福，相信人类最大的幸福就是与人为善；

◎劳动创造奇迹的信念，劳动可以让自己的生活更美好。相信自己，学会认识自己，学会发现自己身上的善良和智慧，懂得为自己的善举而自豪，你的无私奉献给他人带来了幸福，你的辛勤劳动换来了成果，这都是值得你骄傲的；

◎社会理想和道德的信念，现在和未来伟大真理的信念，相信自己是一位伟大的创造者，而并非一个任命运摆布的随波逐流之辈。

在孩子的灵魂深处确立这些不可动摇的信念，并非是让大家听起来悦耳。要知道，真正理想的教育，是将理想化为现实。当理想与人格、个人兴趣、愿望、追求和目标密不可分时，它才能成为孩子灵魂的瑰宝。为了使邪恶远离孩子的灵魂，他们应当用自己的实际行动来确立与人为善的信念。

因此，教育的实际意义，就是让孩子的行为举止体现出思想和精神的内涵。我看到了与孩子进行心灵接触的意义，那就是孩子可以用自己的行为举止来证明自己，我看到了他们言谈举止中体现出的精神激情。在孩子的心中建立与人为善的信念，看起来似乎是件简单的事。可谁知，这也许算得上是教育中最难的事了，如果你在这方面取得了成功，则可以确保你的学生永远不会走弯路。然而，若要在孩子身上确立美好的信念，就一定得让他看到自己美好的东西，以便在做好事时留下自己的一点儿爱心。只有所做的好事能够体现出孩子的本性和个性时，美好的信念才会成为他内心的圣洁之物。我相信，只有当学生带着良知去做好事时，当他感觉到不给他人做点儿好事就不舒服时，我们的教育工作就离教育的最终目标不远了。我认为，让孩子拥有一颗纯洁的心的关键，就是让孩子通过做好事来表现自己的精神本性。要激发孩子内在的优秀品质，要让那股内在的人格力量、精神力量促使他自发地去做好事，而不是做给谁看。也许，教育的"秘诀"多半就在这里了。

邪恶的种子来自对人冷酷无情的态度中，来自为人处世的自私自利中，他们愚昧无知且厚颜无耻："我想做什么就做什么，我高兴就好，至于别人我管不着。"世间万物，人是最神奇、最复杂，也是最美丽、最难以捉摸的。想要认识世界，又要使自己变得高尚，首先就要认识世间的稀奇物种——人。当一个人举起手来打另一个和自己差不多，充满灵性，懂得思考，且具有复杂而独特精神世界的生灵时，就是因为，在他的潜意识中没有认识到对方是一个人，这才是最大的悲哀。如何让我们的教育对象能够认识到，世间最珍贵的东西就是人？包括人的思想、情感，以及他内在的精神世界。我认为，在教育过程中，首要任务是培养一个人对"人"这个概念的认识。一个孩子来到这个世上第一件应该做的事，就是对人的认识。不管这个孩子对人有多么了解，他还是会越来越多地从人的身上发现很多新鲜的东西，诸如美好与惊奇，他会越来越多地对人类的伟大与奥妙感到惊讶。一个人的认知过程必须渗透到学校生活中去，渗透到学生与周围人的关系中去，这就是在保护孩子的灵魂免遭邪恶的侵害。

与孩子有了心灵的沟通与思想的接触后，你才能了解他，为此，你需要有渊博的知识和高超的教育技巧。我力求做到，让孩子在他们这个小圈子里能做到真诚待人、有礼有节，最重要的是每个人精神世界的思想、愿望和情感等最微妙之处都能得到他人充分的尊重。我力求在孩子的小世界中建立一种体贴入微、真诚待人、有礼有节的相互关系。非常值得强调的一点是，在孩提时代就要在每个人的思想中建立一个理念：不管是咿呀学语的小宝宝，还是一个年富力强的成年人，或者是一个年逾古稀的老人，都一样享有幸福的权利。尊重一个人就意味着避免用粗暴的方式去撞击他灵魂深处的敏感点和伤痛点。

在实践中，怎样才能培养孩子这些细微的精神品质呢？应该从孩子很小的时候，就培养他对一些教育手段的敏感性，此中既包括影响其精神世界最微妙、最细腻又最优美的语言，又包括美好的事物和情感的记忆。一个孩子的心灵就像琴弦对相同音域的音叉一样敏感，必须对他听到的话语有极度的敏感性。有益的话语是保护孩子的心灵免于粗暴、无情、愚钝和厚颜无耻的有力手段。到底如何使用这个微妙而强大的工具呢？此中最重要的又是什么呢？在这里首要的是老师要学会用语言描绘出一个人精神世界的图景，试图找出可以让孩子们了解人们细腻感受的词语。经常会出现这样的情况：如果大人不教孩子用心去了解一个人，哪怕这个人常常与孩子见面，他的忧伤和痛苦，孩子也是注意不到的。要知道，语言可以唤醒一个人的心智。当我给孩子们讲述人的悲伤时，他们会利用自己极强的角色转换能力，进行换位思考（但是，如果没有语言的作用，这种能力就永远都不会被激发）。这种能力是同理心的来源，学会用心感受他人的人，也懂得尊重他人，包容他人的感觉和感受，使他人的心不受伤害。这种能力可以教会一个人感受他人的心境，不用说话就能了解他的痛苦、悲伤和不幸。这样，当孩子遇到了一个两天前见过的人，他就会注意到这个人内心的些微变化。对变化的感知，对人精神状态上细微差异的察觉，会使孩子的情感记忆得到发展和提升：他不仅目睹了这些，也不仅仅记在了脑里和心里，而且还学会了感同身受，感受他人的悲伤、痛苦与不幸。

　　培养和增强孩子的情感记忆是教育技巧的一个重要方面。从走进校门的第一天，我就教孩子们用心去感受身边的亲人——父母和祖父母的心境。我利用母语丰富的词汇，为孩子们尽可能多地描绘各种感受的细微区别，带他们进入想象的空间，诸如焦虑、无聊、痛苦等。这些，即使是孩子们朝夕相处的亲人也永远不会跟他们说,可是,这些他们必须要学会感觉和辨别。我教给孩子们:你们的母亲下班回到家,不管她的心情怎样,好还是坏,你们都要学会用心去留意她。造成母亲心情或好或坏的原因有很多,也很细微。你们要通过她的眼睛,她的动作,以及她对你们讲话的方式等,来了解她的心情是平静的还是激动的,是高兴的还是焦虑的,这些都是你们应该感觉得到的。你们要学会"察言观色",一定得根据母亲的心情来调整自己的言行。

再则,要想让孩子的情感达到细腻而敏感的程度,就应让他们特别关注老年人(祖父母)的心境变化。我尽量让孩子们不仅要理解他们,更要用心去感受这些垂暮老人的生活。对祖父母心境的敏锐感受是体现小孩子及青少年情感修养的最重要指标之一。对老人的亲切关爱并不是某种意义上的"援助"。我力求做到让孙子和爷爷能有共同的精神需求,以使他们能将一个人的需求作为主要的需求之一,从而将老少两代人结合在一起。在这里,我们来看另一个同样细微而又复杂的孩子教育问题。这就是我们前面曾提到的"自私"问题。

我们一定要保护孩子的心灵免受自私和个人主义的侵

害。孩子出现利己主义思想最重要的根源是,在他们自我意识形成的最初几年,当心理还处于极其敏感且可塑性很强的时候,也是最容易接受教育的时候,孩子的个人愿望就成了他的"宇宙中心";他所有的感觉,他对人和对己的态度完全取决于自己愿望的满足程度。他的愿望哪怕有一丁点儿没有得到满足,他就会非常难过,而对其他人的感受却一点儿也不顾及,他觉察不到,也感受不到亲人的痛苦与不幸。自私自利会残害孩子的心灵。自私自利的人,甚至对为自己的幸福奉献终生的父母也一样漠不关心。对于一个自私自利的人来说,别人都不是有思想、有情感和有理想的人,而只是供他享乐,抑或是无益于他的中性生物。

如何让孩子远离自私呢?

对付孩子自私的主要办法就是教孩子学会支配自己的欲望。当孩子刚学会动脑子时,大人就要教育他,让他知道,他是生活在很多人之中的,他周围的每个人都有自己的欲望,也都想让自己的欲望得到满足。我们教育年轻的父母:想让孩子尊重他人,首先必须尊重他人的欲望、兴趣和思想。从孩子进入校门的那一刻起,就教育他尊重别人的意愿,这在他的认知世界中占有非常重要的地位。没有也不可能有谁的个人欲望不会影响到他人的精神世界,或是不触犯到他人的欲望,而规避欲望的冲突是不可能的。为了能让我们有一个和谐的生活,每个人都要尊重他人的合理愿望,并且使自己的欲望与周围的世界相融洽。我会用生动鲜活的生活事例为孩子们进行解析,尤其重要的是,我会利用生活中的各种生活现象,教学生如何支配自己的欲望,为他们指引一个正确的方向,从而使个人欲望与他人利益相结合。

就拿学校附近的这个花园来说吧。秋天里,这里的菊花争奇斗艳,漂亮极了,美到你从它旁边走过时,难免会有点儿心动,总想摘一朵据为己有,供自己观赏享受。但是,要是每个人都这样做,花园会变成什么样子呢?可能连一片花瓣也看不到了,只剩下光秃秃的花茎。生活的和谐就会被人们贪得无厌的奇怪愿望所打破,变得一塌糊涂。

要记住,你的欲望就是在空中飞翔的、一只被称作"我想要"的小鸟,它必定会遇到另一只小鸟,名为"不可能"。"我想要"遇见"不可能"会怎么样呢?在大多数情况下,你放出去的那只小鸟必须重新返回自己的鸟巢。对你来说,这应该是一个教训,下次你就不会再将"我想要"这只小鸟放出去了。要想使自己适应"我想要,不可能，有可能，有必要"这个复杂的系统，孩子就需要学会掌握如下技能：从小就对他人的精神世界，以及对前面提到的生活和谐有非常真诚而细微的感受。在某种程度上，孩子自己应该是这种和谐的创造者，这就是应该如何用心和脑将孩子引入认知世界的方式。

　　对人来说，生活的和谐就像一曲美妙的旋律，这要归功于那些像蜜蜂一样工作的人，将世间的美好带到了我们复杂的人际关系中来，恰似工蜂将蜂蜜带回蜂窝一样。"蜂人"带给我们的共同的精神财富和价值观上的那些利益，事实上也维护了人们的道德规范。如果不是这点点滴滴的琼浆玉液——大家共同的利益，我们的日子会变成地狱般的生活，我们将会经受痛苦和精神上的折磨。因此，为了让孩子远离自私，就必须不间断地教导他，让他天天将这种琼浆玉液般的美好带到生活的和谐之中。在这里，最重要的是要遵循一个规律：孩子从"蜂巢"这个小集体中获取的好处不应超过他自己带来的好处。如果这种平衡遭到破坏，辛勤劳作的工蜂就会变成不劳而食的公蜂。

　　若要让孩子远离自私，就应保护他心灵的纯洁，以免染上冷漠的恶习。冷漠是自私的折射，在那破土而出的冷漠之芽中，往往蕴含着父母的教导："你管好你自己吧，别人的事与你无关。"这看上去并没什么不妥之处,但却在不经意中播下了冷漠的种子。母亲教儿子说:"你看,小伙伴们拳脚相加在打架,你可别管,快给我离远点儿,别给自己惹麻烦。"现在,儿子不仅对同伴间的胡作非为睁一只眼闭一只眼,就是看到坏人恃强凌弱,或是欺负小女孩也会熟视无睹。在这里我们又会发现一种精神生活的规律:如果一个人对一件事熟视无睹,他很快就会对所有的事都采取同样的态度。他对什么都不会去理会,也没有什么让他感到不安,更没什么会让他往心里去。冷漠会使他的灵魂变得空虚,使本已渺小的道德价值观更加空乏。这就正如陀思妥耶夫斯基所说,一个人只为"自己的臭皮囊"而生活。

冷漠是自私之花结出的果子。一个冷漠的人没有任何理想,他的灵魂是空虚的,很容易成为背叛者,今天所践踏的,也是他昨天所崇拜的。冷漠是无情、残忍、厚颜无耻的孪生姐妹。一个冷漠无情的人是没有亲情的,他不会用心对待自己的亲人。冷漠的人不知道别人需要什么,真正的友谊是什么,对人的忠诚是什么,为人之子和为人之父的责任是什么。冷漠之后,随之而来的便是道德的败落。要保护好孩子的灵魂远离冷漠,就意味着要在每个孩子身上找到他最美好的一面从而对其进行教化，这是远离冷漠的第一防线。生活中不可能没有让孩子动心的东西。孩子对他周围的善恶所作出的反应，是他个人精神生活中最微妙的部分之一，此中融合了社会理想和个人向往，道德信念也就此确立。一个有思想的教育者决不能让本应属于孩子的快乐、惊喜，或是与之相反的抗议和愤慨，因为他的漠不关心而被错过。一个教育者的真正艺术，是让孩子不仅可以用眼睛去观察世界，还要用心去感受世界。

邪恶的种子从说谎、欺骗、虚假中而来，从一切"形式"主义中而来，从所谓的总结"汇报"中而来，要坚决保护好孩子的灵魂。以混淆是非、颠倒黑白、息事宁人的方式来人为地制造一个祥和的表象，所有这些都是在助长卑鄙、虚伪、愚昧、无情和冷漠。当孩子看到的、感受到的与大人所做的不相符时，他就会失去真理的信念，在他的心中再没有圣洁可言，更别说坚不可摧的信念了。他的心中会渐渐形成这样一种信念，即每个人为了努力让自己适应眼前的生活，不能想什么就说什么，你得说别人喜欢听的话，尤其是在对你前途和命运有直接影响的人面前。阿谀奉承、溜须拍马是弄虚作假、隐瞒欺骗的产物，要让孩子远离这些恶习。

值得注意的是，对于我们大人来说，隐瞒欺骗和弄虚作假的小动作常常是不经意而为之，而孩子们却无意中就能觉察到，还会放在心上，他们要么对此采取不接受的态度，要么就是渐渐习以为常。学生学习不好，勉强能得3分，从这个学期挨到下个学期，从这个年级挨到下个年级，而区报却在校园的草坪才刚吐新绿时，就迫不及待地报道：某某学校在教学上搞得非常成功，大家可以借鉴他们的经验；有的组织机构还什么都没有做，在报告会上，他们的工作就得到了肯定。所有这些弄虚作假、欺上瞒下的行为，都是播撒到孩子心灵净土上的毒种，是毒害青少年的祸根。这些种子生根发芽，结出令人厌恶的虚假伪善、卑鄙无耻、阿谀奉承、离经叛道的果实，造就了孩子变色龙般的社会适应力，从而改变信念，就如同更换手套一样随意。保持孩子心灵的纯洁吧！为此，就要教育他们真诚地做人。

真诚应是教育者的最高仲裁。不管在什么情况下，老师都应是孩子心目中厌恶虚假伪善和隐瞒欺骗的楷模。

从孩子跨入校门的第一天起，对我来说，首要任务就是让孩子们的心灵像一滴晨露那样清新洁净。让孩子的心灵保持纯洁是教学中的一门大学问。这项工作之所以艰巨，是因为需要将孩子理性的呼唤和感性的活动融为一体。

我认为，一个人良心的磨砺正是基于这样一个事实：孩子不仅要用脑，而且要用心来感知周围的世界，孩子要对他所看到的事物给出富有表情、生动且充满真切情感的描述。孩子对他周围一些现象的思想流露常常伴随着他最初的冲动，而这种初始的情感冲动往往又是最纯洁的。

如果要教育孩子真诚做人，远离虚假和欺瞒，就请你们不管在任何时候，都尽量不要往孩子这份纯洁而美好的激情冲动上泼冷水。

老师要特别关注的一点是，在我们的教育工作中绝不允许有一点儿虚假伪善、隐瞒欺骗的阴影。真诚和奉献是两股强大的教育力量，它们是相辅相成的。在此，对每个孩子所付出的努力都应作出客观、公正的评价，这不管是对教育本身，还是对孩子本人都有着举足轻重的意义。我们作为教育者，永远不要忘记，孩子脑力劳动的结果——在某个阶段所完成的特定学习任务和他所掌握的知识，远远不能准确体现出他所付出的努力。我们常常会遇到这样的情况，对有些孩子来说，学习其实一点儿也不费力，他们轻而易举地就会拿到好成绩，而对于另一些孩子来说，每天埋头苦学、勤奋刻苦，却成绩平平。如此，就造成了一种不正常的局面：分数衡量的不是一个学生所付出的辛苦努力和坚持不懈的精神，而只是一个孩子的天赋能力。如果我们深入分析在教育工作中对学生的激励机制，就会得出这样的结论，用这样的方法为学生打分是学校教育最严重的缺陷之一。一个用功学习的孩子若是得不到好的分数，渐渐地，他就会觉得很委屈，有时甚至会心生怨恨，产生一种不健康的依附心理，并且开始怀疑自己的能力。而对于那些轻而易举就能拿到好成绩的学生来说，却会产生一种傲慢和自负的心理，他们会变得不可一世。

怎样才能使孩子年幼的心理免受这种负面影响呢？如何达到在成绩中既能公正体现出孩子勤奋努力的一面，又能考虑到他们学习能力的一面？优秀老师的教育经验告诉我们，解决办法只有一个：实行个性化教育，采取一种既有技巧，又谨慎，且恰当的成绩评定方法。对学习能力突出的孩子，在布置作业时，要求就得高一点儿。比如，对学习能力强的学生就给他难度大些的题，给他施加一些压力，让他在学习上能真正用功。不过，在这个问题的处理上完全要看老师的教育修养，不能让能力强的学生感到老师总跟他过不去，故意刁难他；也不能让能力较弱的学生觉得低人一等，只能做一些简单易懂的题。客观公正的分数有助于学生潜能的开发，比如，有的学生昨天还被一道普通的习题搞得焦头烂额，今天就敢尝试挑战一道高难度的试题，竟然还成功了。因此，客观评估学生的劳动，是对学生进行公开评判的先决条件。

要让孩子远离懒惰、无所事事及做事马虎。我暂且把懒惰称为灵魂的休眠。有时，人的灵魂不只是在懒得做事的时候才受到懒惰的负面影响。懒人，有时候，你让他做什么，他也会做什么，只是要在他人的监督之下迫不得已而为之。尤其是变态性的懒惰，会使一个人变得精神懒惰，从而缺乏一股内在的动力来促使他比一开始做得更好，更成功。对亲自做的事情完全漠不关心，是好是坏都无所谓，这也是一种懒惰的表现。

懒惰会使孩子失去最重要的、内在的、蓬勃向上的精神活力，从而使孩子的心理变态。激发孩子心中的愿望，做些有益的事情来点燃他生活的激情，这就意味着要给予他动手创造的机会，这是一种幸福的享受，也会使他的精神生活得到充实。唤醒孩子内心对生活的激情可是一门艺术，也是教育修养中最微妙、最细腻的地方。这种艺术可以预防，更贴切地说，可以让孩子远离忧伤和寂寞，避免孩子出现把劳动当成负担这种不正确的观点。

在学校生活中，思想的惰性是一切懒惰的主根源。因为，无论是学习上的脑力劳动，还是学校花园中的体力劳动，任何一种劳动都是精神生活的一种外在体现，其中，整个思想就像一条红色的纽带贯穿始终。激情源于思想的觉醒，这是在工作中对自己的认可，没有这一点，就不可能成为一个勤奋而有创意的人。

一次，我看到四年级的学生尤拉趴在桌子上写一篇"晴和的初秋之日"的作文。他虽不愿写，可还是尽量强迫自己写点儿什么。然而，在他的脑海里完全没有那个阳光明媚的秋日景象，更别说用优美的语言表达出来，再跃然纸上。所以，他就只等什么时候老师一声令下，赶紧丢下笔跑出教室。他完全没有学习的意愿，这也让他很痛苦。看着眼前的情景，我记起了我们曾组织过的一次"探索思想源泉，体验母语魅力"的亲近大自然活动，在走近森林，奔向田野，观察自然现象的整个过程中，尤拉表现得热情奔放，思想之光在他的眼中闪烁，生命之花在他的心中绽放。我在记忆中搜索，到底是什么唤醒了尤拉当时的激情，让他如此欢喜若狂。我尝试着按图索骥，寻着这条线索往下找，试图再次唤醒他心中的激情。我走到尤拉身边，轻轻地问他："你还记得那个深秋的早晨吗？还记得你看到的冻霜吗？洋甘菊花瓣上的冻霜像水晶一样……"

"你还记得吗?记得花瓣上那水晶般的冻霜,是如何在阳光的照耀下化为一滴滴晶莹的露珠的吗?剔透的晶体、明澈的露珠……"

此时,我察觉到了一丝希望之光在尤拉的眼中闪过,我知道他已经想起来了。我看到,那个曾经让他痛苦的"不情愿"瞬间从他的心中消失了,他迫切地希望写完这篇作文。一个静谧的初秋之晨已经活现在他的脑海中,他的思维开始活跃起来,促使他拿起笔,用优美的语言表达出来。摆在他面前的已不再是一张空白纸,而是一块大大的油画布,就等这位伟大的艺术家为它描绘出他想象中的美丽世界。激情就是在这种情况下产生的,它闪现在活跃的思维中,它就是那个征服灵魂的思想,它可以成为内在力量,使尤拉忘记自己是坐在教室里学习,激情可以使一个人得到重生。刚才,我看到的尤拉眼神里还带着呆滞冷漠,一脸的无奈和满不在乎,现在再看,就发现他满脸洋溢着灵气,这是因为他的想象力受到了激发,正在发挥作用。激情的出现,能够让工作学习不再令人疲倦,而变成一种乐趣和享受。

我发现,教育工作中一个最重要的任务,就是让每个孩子都能在脑力劳动中感受到激情的活力。只有这样,才能让孩子产生独立自主的、强大的学习激情,才能产生动脑的欲望。无论在哪种类型的脑力劳动中:完成单调的语法作业,学习难解的诗词,或是做让人头疼的数学习题,激情都是必要的。而点燃激情的火花有千万种,这就取决于老师自身的智慧了。

激情是预防思维与行动懒惰的强大力量。孩子不愿学习的原因在于他的思想还处于休眠状态,而我们的老师却试图强迫他们"用手"学习。要知道,只用手而没有思想,是无法唤起激情的。不论我们鼓励孩子从事的体力劳动多么简单而单调,此中总有一个放飞思想的创作空间,这是一个供孩子们手脑并用的和谐空间。因此,在每项工作中,我都尽量找到能够将机械动手与思想激情贯穿起来的线索。手脑并用的问题,是一个非常严肃的问题,需要进行专门的研究。

虚荣心,同样会危害孩子的心灵。孩子病态地去追求荣誉、赞美,以及在团队中与众不同的特殊地位,这都是虚荣心在作祟。不幸的是,孩子心灵的这些痛点,有时是由学校里的风气造成的。尤其是,教师视内在精神激励教育而不顾,而只是夸大各种外在因素的刺激作用。

对高分的一味追求也会助长虚荣心:学生那边还没来

得及说出一个单词，老师这边就给出了分数，这怎么可以呢？不恰当的夸奖会造成孩子对自己的智力和能力产生错觉，让他们变得目中无人、不可一世，会导致自私自利在他们的心中抬头，惰性也随之产生，从而降低对自己的要求，学习兴趣锐减。虚荣是残酷无情的另一种表现。

虚荣心会导致什么样的后果呢？来看一下这个例子就明白了：

一个四年级的女生在校园里捡到了二十戈比，交给了老师，并说："也许还能找到那个丢钱的人。"老师在全班同学的面前表扬了那个女孩，学校的墙报上张贴了她的事迹，还贴上了她的照片，有声电台也报道了。一周后，在课间休息时，有两个女生也把"捡到"的钱交给了老师，一个是十戈比，另一个是五戈比。这次，两个女孩都没得到老师的夸奖。她们不满地向老师抱怨："为什么我们俩做的好事就没上墙报？"其实，老师早就查明了，这两个女孩交给老师的钱不是捡来的，她们只不过是想用那几个戈比来换取对自己的夸奖而已。

出于好意，老师一般都不会错过表扬好人好事，认为这是对学生"道德考量"的标准之一，是值得赞扬的。对好人好事的表扬是正常人际关系中的一个自然举动：搀扶一个老奶奶过马路，表扬；帮一个生病的同学补习功课，表扬；三八节给妈妈准备了一份礼物，不仅在同学面前表扬，在父母面前也会表扬。久而久之，虚荣这个异样的"玩意儿"就渐渐地滋生了，并根植于孩子的心灵。

学校里要坚决杜绝虚荣这种歪风邪气。这就要求要用一种经过深思熟虑、公平合理的方法为学生的成绩打分，来培养和发展学生的能力。为什么在学校里、班级里一定要将学生们分类，为一些才能出众的学生贴一个"学霸"的标签？在此，我必须再次强调：对能力出众的孩子，必须让他做更有分量的课题，而对所谓能力一般的学生，也要至少帮助他在某一方面取得好的成绩。总之，对能力形成和发展的教育应该是灵活多变的，这是预防虚荣心最可靠的方法。

其实，学校没必要对一个学生所有的作业都一一打分，尤其是在初、高中阶段，大部分智力工作都是学生必须要完成的，这不应该是为了分数而学习，而应是出于对知识的兴趣而学习。

对学生道德方面的称赞应格外谨慎。同时，要培养学生做好事的正确动机，不能仅仅是为了得到表扬而做好事，而应该是出于内心，出于良知。

最后，提防孩子犯幼稚病。这是人类精神发展中的一个怪现象，是一个缺陷，包括思想上的不成熟，也就是我们常说的"巨婴"。在学校，经常会发现一个十五六岁的男孩在身体发育方面正趋于成熟，但在道德和做事方面仍处于一个十岁上下孩子的水平。冬日里，一所学校几个十六岁的九年级男生，被安排到一个农场的花园里去干活，也就是从树上摘下布满虫卵的树叶。冬日的树林一片静谧，气温为零下三度。在这种情况下，一般十六岁的建筑工人都会在露天环境下连续工作六个小时，而学校的学生连一个小时也坚持不住，他们觉得冷得受不了，丢下活赶紧回学校暖和去了。这就是典型的劳动和道德上不成熟的例子。

无援、无助、面对工作无从下手，不具备克服困难的能力，所有这些都会导致思想上的幼稚。我听过几个十六岁女生对列夫·托尔斯泰和屠格涅夫小说的读后感，她们对复杂生活现象的幼稚理解和天真想象，以及她们视野的狭窄程度，让我感到震惊。幼稚病会束缚一个人的思想，限制一个人的创造力，以及他对公共生活的参与程度。

如何预防幼稚病？最重要的是保持道德和劳动成熟度的协调，保持身体锻炼与精神陶冶相一致。如果对学生来说一切都很容易，如果他什么困难也没遇过，什么都不费吹灰之力，没滴一滴汗水就能做好，连什么是老茧都不知道，那就谈不上思想、道德和劳动上的成熟。

我们会要求十二三岁的孩子，去做需要消耗大量体能和精力的劳动，以此来达到道德和劳动成熟度的协调。对十五六岁的孩子要求更高，劳动强度几乎接近成年人。如果室外气温不是太低，我们会尽量安排十二三岁的孩子到空气清新的室外，干一些力所能及的活；而十五六岁的男生则会在天气更冷的时候被安排去干活。这些孩子从自己的亲身经验中认识到，什么才是真正的劳动，他们坚信：没有克服困难的能力，想过上高质量的生活是不可能的。这些经历就是在劳动中和道德上表现成熟的重要因素。那个在孩童时期和青春期就真正学会了劳动，并且有能力克服困难的人，就不再是孩子的思维，而是具备成人的思维。

让我们的形象永驻孩子心中

幸福与不幸的家庭

有一个古老的乌克兰传说:

> 母亲只有一个儿子,怎么爱都爱不够,母亲把他视作心肝肉,而儿子却一点儿没把自己的母亲当回事。母亲一滴一滴地收集露水来为他洗脸,用最上等的丝绸为他做衬衫。儿子长大了,端庄英俊,娶了一个天仙般的美女为妻。年轻美丽的妻子来到他家后,却不喜欢她的婆婆,甚至讨厌她。母亲不敢跟儿媳打照面儿,只好每天躲躲闪闪,她先是坐在过廊,然后就干脆搬到了杂物房住下了。可就是这样,那个可恶的儿媳仍然不罢休,她对丈夫说:"要是你想让我跟你过,就杀了你母亲,把她的心掏出来,用慢火一点点烧掉。"

儿子被妻子美若天仙的容貌勾去了魂,对这样没有人性的话竟然无动于衷,而是去对母亲说:"妈妈,妻子让我把您杀了,把您的心掏出来用慢火烧掉。要是我不听她的,她就会离我而去,可我不能没有她,我不能不听她的……"

母亲哭着对儿子说:"好吧,儿子,就由你的心来做主吧!"

儿子带着母亲到了橡树林,折了些枯树枝,点着了火。

他杀了母亲,把心掏出来放在火上慢烤。这时,一根烧得正旺的柴火扬起来打到了儿子的脸上,把他的脸给烫伤了,儿子尖叫着用手捂住了烧伤的地方。母亲的心在燃烧的微火上扑动着,小声地对儿子说:"我的宝贝儿子,疼吗?撕一片火堆旁的车前草叶子,把它贴在烧伤处,然后把母亲的心放在车前草叶子上,等你没事了再把它放到火上。"

儿子失声痛哭,用手抓起母亲滚烫的心放在怀里,接着撕心裂肺地号啕大哭起来。现在他才明白,世上没有一个人能像自己的母亲那样如此无私地爱他。母爱是如此巨大且不可估量,母亲渴望看到儿子快乐、幸福的那颗心以一股无穷的力量神奇地恢复了活力,跳进了被剖开的胸口,胸口瞬间愈合了。母亲站起身来,将儿子搂在胸前,抚摸着他那一头卷发。这时,他美丽的妻子已变得让人憎恶,他不想再回到她的身边,母亲也不想再回到那个家。母子二人并肩走到宽阔的草原上,变成了两座高高的山岗。

这个传说是民间智慧的创造。没有哪种爱能比母爱更强烈,没有什么能比母亲的温情和关爱更体贴、更细腻,没有什么焦虑比得过母亲为儿女操心的一个个不眠之夜。

对于即将进入垂暮之年的人来说,没有什么比儿女们感激他们一生的付出更让他们欣慰。最让父母痛苦和伤感的,也无非是儿女们的冷漠与无情,他们忘记了父母为他们所付出的一切。

"不知感恩的儿女""不孝子女"在人类道德的词库中,也许是对这种人类罪恶行为最尖刻的谴责。我在中学工作了三十二年,最初工作时我带的那些学生早已为人父母了。数以百计的学生,那时的孩子,现在的父母,我亲眼目睹了他们的命运。生活使我确信,我们需要向普通的劳动者学习，向他们学习如何培养一颗纯洁而高尚的心灵，我们需要从他们不竭的道德之源中汲取精神正能量，诸如：作为一个自由人应具备的关于人道、友谊、伙伴关系以及兄弟情谊方面的品质。普通老百姓毫不留情地唾骂那些无情的不孝子女，而对那些懂得感恩，又孝敬父母的人则敬赞有加。下边我引入一个不久前在我们村子里发生的一件事，对我们的生活有着启迪意义：

有两个母亲，一个叫玛丽亚，另一个叫赫里斯蒂娜，她们两家住得不远，又都在农场工作，都抚养了一个儿子：玛丽亚的儿子叫彼得，赫里斯蒂娜的儿子叫安德烈，他们同岁。一九三九年的秋天，彼得和安德烈到了参军的年龄。

玛丽亚和赫里斯蒂娜一起送儿子去参了军，从部队回来后，她们又一起数着，还要等多少天，自己那个金发碧眼的彼得，那个发如墨染、目似点漆的安德烈才能回来。

不久，战争就席卷了乌克兰，两年来，两位母亲对儿子的情况一无所知，儿子们杳无音信。后来，苏联红军解放了乌克兰，赫里斯蒂娜和玛丽亚各收到了一封蓝色三角形的信件[1]，这是从部队寄来的，她们得知儿子还活着，欣

---

[1] 前苏联战争期间的专用信封。——译者注

喜若狂。战争的炮火终于平息了，彼得和安德烈一块健康地回来了，备受煎熬的母亲们心中充满了喜悦。

不料，这种快乐却是短暂的，没过多久，两个母亲相继经受了生活的考验，尽管命运不同，但痛苦却是相同的。玛丽亚生病了，她的双腿不听使唤，只能卧病在床，无法下地。彼得的日子也不好过，不仅仅是母亲的病给他带来意想不到的不幸，正如人们所说，祸不单行。这虽谈不上什么祸，不过着实是挺折磨人的。

青眉如黛的未婚妻嘉丽娜已经怀孕，还期待着彼得筹办婚礼呢。按当地习俗，彼得要把嘉丽娜接到自己家中，可家中还有卧病不起的老母亲。玛丽亚看到儿子夜不成眠，一副苦不堪言的样子，就对他说："不要让嘉丽娜蒙羞，你要明媒正娶让她进入我们的家门，成为你合法的妻子。对我，你不用多管，随便它吧。"嘉丽娜被娶进家门后和彼得相亲相爱，夫唱妇随，如果不是母亲的病，一切都很好。

后来，彼得听说基辅有一位非常好的医生，可以治母亲的病，为凑足去基辅的路费，彼得和嘉丽娜决定把自己的房子卖掉，先让母亲能站起来再说。他们卖掉房子后，就凑合着住在一个远亲家中。夫妻俩带着母亲去基辅看了病，母亲住院后，医生告诉他们：需要半年的时间治疗，也许还会更长些。

两个年轻人的生活变得越发困难，但是他们一直照管着母亲。嘉丽娜卖掉了自己喜爱的衣服，彼得卖掉了心爱的手风琴，经过精心治疗，母亲终于站起来了。

玛丽亚在医院住了不是六个月，而是两年。病好后她对别人说："我的病不是靠吃药治好的，而是靠孩子们的孝心。"

彼得和嘉丽娜的孝心在村子里成了人们茶余饭后的美谈，他们得到了乡亲们的敬重，也为年轻人树立了榜样，父母们都教育自己的孩子，要像这对夫妻那样活着。

我们先把幸福的玛丽亚和她快乐的子孙们放在一边（在我们这，婆婆管她的儿媳叫女儿，而儿媳管婆婆叫母亲，这是不无道理的）。现在，再来看一下赫里斯蒂娜的家事：

赫里斯蒂娜与玛丽亚的命运截然不同，安德烈退役回来时带回了好几箱战利品，他从没在母亲面前打开过。母亲的小屋对他来说显得有些拥挤，他决定给自己盖座新房子。

安德烈在村头选了一个离草原不远的地方，盖了一座砖房，屋顶用的是当时极为罕见的锌板。之后他又结了婚，日子过得还不错。

赫里斯蒂娜的房子坍塌了,她让儿子帮她修整一下。可儿子却回她说:"我自己的事还多得忙不过来呢,你自己想办法吧。"母亲伤心地哭了,无奈之下只好自己用稻草随便苫了一下。赫里斯蒂娜想:"这还算不上苦,只要身体没问题就好,可……"

接下来,苦日子真的来了,安德烈的母亲得了半身不遂,手脚动弹不得,起不了床。母亲的邻居来找安德烈,责问他:"安德烈,你还有良心吗?母亲下不了床,身边得有个人照顾,可你……"儿子答应说去看母亲,可实际上并没去。好心的邻居们只好轮流照看这个生病的老人。

半年过去了,一年过去了,赫里斯蒂娜的身体状况一直没有好转,可是儿子一次也没有来看过她。这事一传十,十传百,村子里的人都知道安德烈是个无情无义的不孝之子,人们骂他是一个没心没肺的东西,是一个畜生。

人们见了安德烈都不愿跟他打招呼,远远地躲着他,生怕玷污了自己。安德烈活得很没劲儿,他越活越感到害怕,内心产生了一种强烈的恐惧感,最终,他选择了结束自己的生命。

为什么会这样呢?

为什么有的儿女不知道感恩父母呢?他们哪来的那般

铁石心肠？人们不由得想起了这位不幸母亲的一生：她把全部心血都倾注到自己的宝贝儿子安德里克（安德烈的乳名）身上，连个好觉都没睡过。人们还记得，有时，赫里斯蒂娜和她的丈夫得起早到田里割麦，而安德里克还没醒来，她舍不得叫醒熟睡的儿子，就把香草垫在马车上，上面再铺上白色的亚麻床单，把熟睡的安德里克连枕头带被子一块抱到车上，再用被角给儿子遮住脸，生怕太阳晒到他。要知道，在这个时候，像安德里克这样一个八岁的孩子早已帮家人干活了，拾柴的拾柴，挑水的挑水，而他却还在呼呼大睡。

就这样，安德里克健健康康、快快乐乐地成长着，他的母亲把他视为心肝宝贝，喜欢得不得了，母亲并不指望儿子什么，重要的是不想让儿子有什么不愉快，不能让生活中的不幸与忧愁破坏儿子的心情，不能让儿子平静悠闲的童年因一点儿不快与委屈而失去光彩。

一个秋天，赫里斯蒂娜给儿子做了一道酸奶油焖蘑菇，他非常喜欢吃，就要母亲每天给他做。因为附近的蘑菇被采得越来越少，赫里斯蒂娜不得不到十二俄里[1]外的森林

---

[1] 俄制长度单位，1俄里 ≈ 1.0668 千米。

去采。有一次，在采蘑菇时她的腿被划伤了，她拖着那条受伤的腿一瘸一拐地回到了家。她心里忐忑不安，生怕儿子看出来，尽量装作什么都没发生的样子，赫里斯蒂娜想：怎么能因为我而破坏安德里克的心情呢？当赫里斯蒂娜不想让孩子知道什么是伤心时，她就会说："干吗让他知道这世上还有让人痛苦的事呢？"这次也一样，她把划伤的那条腿随便缠了一下，就去邻居家了。

此后，邻居每天都会送一篮子蘑菇给他们，为了表示感谢，赫里斯蒂娜给邻居做了一件绣花衬衫。安德里克压根儿也没注意到母亲的腿到底怎么了，他只管自己每天过着无忧无虑的生活。他只知道从别人那里索取，而从不知道给予，这就是为什么日后的他会变成一个铁石心肠的人。

皮鞭与胡萝卜教育 [1]

彼得的童年完全是另一个样子，他的母亲也很爱他，也没指望儿子什么，但不同于安德烈母亲的是，她并没有

---

[1] 原文是"阿尔法和欧米茄教育"（Alpha and Omega），宗教术语，一般表示两个极端，这里为了便于理解，译为大家熟知的"皮鞭与胡萝卜教育"。——译者注

刻意在儿子面前掩盖生活中的各种困难与矛盾。快乐夹杂着苦难，幸福伴随着烦恼与焦虑的生活对彼得来说都很熟悉。孩童时期，一个人不光用脑，还要用心去感知这个世界，这时发生在孩子生活中的一切，都会唤醒孩子内心的不同感受、体会、激情和愿望。一个人在孩童时期所产生的同情心、怜悯心和对一些事物的直接参与，会在他的心中留下特别深刻的烙印。细心的母亲玛丽亚让儿子从很小就感受身边的人和事，让儿子知道：自己周围还有其他人的存在，他们也都有自己的兴趣和爱好，他们也希望过得幸福。

要想成为最幸福的人，就一定要关爱、体贴身边的人，善解人意。当然，玛丽亚并没有时时处处都给孩子灌输这一金科玉律，孩子也无法理解这么深奥的道理，她只是就生活中遇到的实际事例来告诉儿子该怎样做人。

离玛丽亚家不远处住着一个孤苦伶仃的老奶奶，经常生病。我记得，只要玛丽亚家果园里的樱桃、苹果、梨、李子和葡萄什么的一见熟，她就会叫彼得鲁西亚（彼得的乳名）摘下给老奶奶送去，孩子对此已经十分习惯。

玛丽亚教育儿子说："谈论对人类之爱的道理比帮雅琳娜老奶奶砍过冬的柴要容易得多。人类对我们来说似乎遥不可及，而雅琳娜老奶奶就在我们身边，如果她没有柴火来取暖，我的良心都不允许我睡踏实。记着，儿子，要用心去感受他人的痛苦与不幸。"

时间过得很快，彼得和嘉丽娜的孩子早已从学校毕业，我的教育工作生涯也迎来了第四个十年。阳光明媚的九月，新学年的第一个早晨，我希望能在校门口迎接彼得和嘉丽娜的孙子，他到了该上学的年龄了。

我每天的学校生活，都是在孩子们的欢声笑语中开始的。我注意到了一朵绽放的玫瑰带给孩子们的欢喜和惊叹，注意到了孩子们在观察周围世界时，对新发现的不寻常事物所表现出的新奇，比如，把一朵白云想象成一只神奇的小鸟，想象成在花丛中翩翩起舞的五彩斑斓的蝴蝶……孩子们还兴奋地给我看父母送给他们的礼物，是啊，社会和父母能为孩子们送上这么多的快乐，多好啊！看着孩子们快乐无忧的小脸，一丝忧虑却在我心中隐隐生起。

我还记得小安德里克：他也总是那么开朗活泼，连性子都没使过。真是"知儿莫若母"啊！因为慈爱而细心的母亲很清楚儿子的天性，所以她用伟大的母爱去感化他那颗儿时的心……

教育中一个永恒的问题让我感到不安，也就是通常我们所说的"皮鞭与胡萝卜教育"这个问题：在养育孩子方面如何将严厉与和善，严格与亲切，服从与自由并用？"父母之爱的智慧蕴涵着什么？"我读过许多封父母的来信，都是在讨论这个问题，尤其是在陶利亚的来信发表后，编辑部转给我很多来信，也都是对这个问题的意见反馈。

我们处于一个美好的时代，幸福无比的时代，在我们国家，人们都把对人的培养视为最崇高的事业，在对一个人的培养过程中，在他思想、情感、意志、品格、美德和独特的人格个性塑造过程中，都可以看到我们的影子在他身上再现。我们每个人都会为人类做点儿有创造性的东西，比如：面包或者汽车、衣服或者宇宙飞船、优良的动物品种或者一部交响曲，而对人的培养，则是对我们每个人，乃至整个社会都具有深刻意义的创造性劳动。尊敬的父亲们，我们如何培养自己的孩子？百年之后，我们留给这个世界的是一个什么样的人？我们能在孩子心中留下什么？这是应该值得我们深思的。对人的培养跟建造工厂、输油管道和发电厂一样重要。

身为父母的我们，都在努力为我们子孙后代的幸福而共建人类社会的繁荣。名誉上是为了我们子女的快乐，实质上，是为了我们的共同理想而生活、工作和奋斗。我是属于1941年艰难岁月中的那一代,是苏联军官行列中手持武器面对敌军的那一代。

我们当中的许多战士在战火中壮烈牺牲,千百万同胞兄弟的墓旁已长有二十多年的参天大树。即便是命运眷顾,战士们能够从战场上活着返回家乡,等待他们的也是艰巨的战后恢复工作,他们在灰烬和废墟上重新修建了工厂,建造了一座座新城市和发电站,修建了漂亮的学校和文化宫。

我们的妻子们是幸运的,我们也是幸运的父亲,我们的孩子们正在茁壮成长。当我们看到为儿童建造的一座座文化宫,看到孩子们与母亲和祖父母们欢快地、成群结队地走上开往少先队员夏令营的汽车时,我们发自内心地高兴。爷爷奶奶们手拉着箱子,妈妈们一遍又一遍地叮嘱,公共汽车开动了,扬起的一团团尘土笼罩了英雄坟墓上的栗子树。我们每周都会去看营地里十四五岁的孩子们,会详细地了解他们的生活,诸如,吃得好不好,玩得好不好,过得愉快不愉快等等,当得知餐厅窗户的玻璃被打破了时,我们很不高兴:负责人是干什么的?孩子们感冒了怎么办?当营地工作人员反映了我们的不满后,五分钟都不到,负责人就赶紧带着安装工人过来把玻璃给装上了。

看到了吧，这就是我们的生活，这一切都是理所当然的，我们应为之高兴。而有人说，人应在逆境中成长，越是艰难的时日，越容易接受教育，要我说这是混账话。孩子们饿得饥肠辘辘，连面包屑都成了他们的梦想，愿这样的艰苦岁月一去不返。而我，作为一个父亲，我敢肯定，许多父亲和我一样，都对这个问题感到担忧：我们对孩子炽热的爱如同一把巨大的火炬，可它能点燃孩子心中回报的感激之情吗？孩子是否能感到自己一生的快乐和幸福是父母的劳动和汗水换来的？是来自善良、热情、体贴和富有同情心的人，来自许多非亲非故的"外人"的关爱，虽没有血缘关系，但对孩子们来说，他们就像自己的亲人一样。之所以为亲人，是因为没有这些人他们就无法生活。因此，我想问：他们能考虑到这些吗？父母对子女的爱是否总是充满了智慧呢？父母之爱的智慧又是什么呢？

我亲眼目睹了我那些学生的命运，这使我更加相信，父母之爱的最高智慧在于，我们做父母的如何能够把我们的孩子引向快乐生活的真正源泉，使孩子们能亲眼看到，亲身感受到快乐的存在。

就孩子们的天性而言，他们觉得幸福原本就是自私的。大人们为孩子创造的美好幸福生活，他们认为是理所当然的。在没有亲身经历和感悟过之前,他们是不会理解的,他们不知道他们的幸福快乐,全是大人用艰苦的劳动换来的,用辛勤的汗水浇灌出来的。他们只信一个道理:父母的存在就只是为了能让他们更幸福、更开心。

曾经有一段时间,普遍存在这样的观点:惰性较强和无所事事的孩子、不孝子女,大多都来自知识分子家庭,来自那些远离生产劳动的群体。但是事实证明,这种观点完全是不切实际的,十分牵强。生活中我看到的也并非如此:那些铁石心肠的人,多数是出自父母"从不指望孩子什么",只是一味地给予他们,而对他们又没有任何要求的家庭,这既包括工人和农民家庭,也包括知识分子家庭。乍一看,这似乎有些奇怪:在一个善良、勤劳、正直的家庭中,有着慈祥、体贴、富有同情心、充满人情味的父母早晚陪伴,孩子怎么会成为一个冷漠无情的人呢?但是,你要明白,这并不是什么悖论:在这种家庭和父母呵护下长大的孩子,却变成了一个没心没肺的人。这是因为他只是一个快乐的索取者,他一生所有的乐趣就是一味地向父母索取,这是极其危险的。试想,这样的家庭教育,会培养出什么样的孩子?

父母之爱的智慧

我认为，父母的爱应充满智慧，这一点是需要培养的，如今这已成为我们社会道德基础建设中最重要、最微妙的任务之一。很多人都认同，公民的社会活动与教育子女、履行父母职责完全无关，这是一种非常错误的观点。遗憾的是，这种观点得到了许多父母的普遍认可。

对人的培养，对自己子女的培养，是公民首要的社会活动，是一个人应尽的公民义务，绝大多数父母都非常清楚这一点。一次，在我们学校的家长会上，一位五年级学生的父亲说，由于社会事务太过繁忙，顾不上管儿子。其他家长就毫不客气地指责道：如果您连自己的孩子都没时间管，那对您这位社会活动家来说，还有什么意义？没有时间管教儿子就意味着没有时间做人。

为了能让家长们掌握父母之爱的智慧，在此，我们看到了教书育人过程中最重要的任务之一——对父母的教育。我们的家长学校已经创立很多年了，顺便说一句，我们认为完全没有必要将其称为"家长大学"，因为这个叫法太过响亮，不能反映出我们对父母教育这项工作的谦虚本质。家长学校分为多个班，有的针对未来学生的父母，他们提前三年就到我们这里来培训；也有的针对一至十年级在校学生的父母。

我们与父母的沟通始终围绕着一个主题思想：父母之爱的智慧，就是善良与严格，温情与严厉的和谐统一。在与父母们互动时，我们非常注意分寸，尽量不涉及他们的个人隐私，也尽量不碰触他们内心的痛点，我们力求防止父母在有关孩子细腻敏感的精神生活方面犯错。

缺乏智慧的父母之爱会造成孩子人格的扭曲。这种荒谬的爱有很多种，其中主要包括：纵容娇宠的爱；专横强势的爱；物质满足的爱。

在亲子关系中，纵容娇宠的爱是最可悲的。这是出自本能的、不理性的爱，有时会让人想起一个词——母鸡之爱。孩子的一举一动都会让父母欢心，而从不考虑这些举动将会导致什么样的后果。

我们来看看以下这些生活案例，都是因父母的轻率和对孩子的过分宠爱造成的：

我亲眼看到过这样一个场景，邻居来找谢廖沙的母亲，两个人在院子里站着说话，五岁的小男孩在一旁玩着玩着就站在母亲和邻居面前撒尿了。母亲还带着娇宠的口气说："看我这儿子，就这样，谁都不怕。"对孩子不顾后果的骄纵会导致可悲的结局：子女会骑到父母的脖子上，变成小皇帝。

这种纵容娇宠的爱，会使孩子的灵魂堕落，首先他不知道控制自己的欲望。那些野蛮、无耻之徒的口号变成了他生活的准则：我想做什么就做什么，谁也管不着，欲望对我来说是最主要的。一个在纵容娇宠之下长大的孩子不知道我们的生活中还有"可以"与"不可以"，"应该"与"不应该"的概念，他认为对他来说什么都是可以的。他会很任性，常常会成为一个病态的人，一旦生活对他有一点儿小小的要求，他就会力不从心，难以承受。一个在纵容娇宠之下长大的孩子是自私的。他不知道为人之子的责任，就更别谈孝道了，他不会，也不想干活，因为他既没长眼，也没长心，他不懂得自己身边的人也有欲望、有需求、有自己的精神世界，尤其是自己的父母。在他的脑子里已形成了一个理念，即他的存在就是父母的幸福和快乐。

去年秋天，在一本文艺杂志上刊登的一张照片，让我深感气愤：新学年的第一天，一年级的小学生走进教室后，刚坐到他们的课桌旁，一些爸爸妈妈就面露喜色，目光中带着对孩子的几分娇宠，从窗边、门缝往教室里张望。类似的表情也写在老师的脸上。孩子们觉得每个人都用这种眼光看着自己，他们第一个想到的就是：自己能来到课堂，坐在课桌前就已经很了不起了。

是的，孩子是我们一生的快乐，我们生活和工作都是为了孩子的幸福。这是无可争辩的事实。但是，与孩子们来谈这个话题，就是对孩子的错误引导，比如，在一个庄严的仪式下，领导把学校和幼儿园的钥匙交到老师手上，用这种极具表演性的方式来烘托上述观念，这就意味着在孩子的心灵深处埋下隐患。还有我们做父亲的，利用一切能利用的机会，一味地往孩子们的脑子里灌输一个事实："你是我们一生的快乐。"所以，孩子们就认为，从我们这里得到了物质和精神上的帮助，还得反过来让我们感激他们呢。果真如此，他们就可以为所欲为，想什么就一定会得到什么，任性的萌芽和小皇帝的思想就是这样开始的，之后，让父母头疼的日子也就来了。

还有另一种非理性的、本能的父母之爱，就是专横强势的爱。1967年1月22日，《劳动报》上刊登了一封来自科里沃·罗格学校九年级一名叫托利的十六岁男孩的信。托利完全是在绝望之中写下这封信的。这位学生的学习成绩一直都是在4分和5分之间，在家中也帮父母做家务，擦地板、洗碗碟，还洗衣服和鞋子。托利在信中写道："我的父母给我穿好的，吃好的，可是一旦我要买个什么新鲜玩意儿就没完没了地数落。"这种无休无止的数落实在让人受不了，令人窒息。父母所做的一切，正像他们所说的，只是因为他们爱自己的儿子，希望他过得幸福，他们是在教他如何生活，让他变得更聪明，更敬重父母。

我知道几个像托利这样的家庭，在这些家庭中，孩子的生活看不到一丝光明，简直饱受痛苦的折磨。

在这类家庭中，父母专横跋扈的根源是严重的自私自利和缺乏教养。他们对待孩子就像对待物件一样：桌子是我的，我想放哪儿就放哪儿；女儿是我的，我要她做什么，她就得做什么。我认识的一个父亲竟到了如此地步：他给自己读八年级的十五岁女儿买了一双时髦的鞋子和一件漂亮的裙子，他命令女儿把鞋子放在她的书桌旁，裙子也挂在书桌上，并警告她说，期末考试，所有的学科至少都要得4分才能穿这裙子和鞋子，哪怕有一门得3分就别想碰它们一下。

很难想象还有什么比凌驾于他人之上的权力狂更让人恶心了。

父母的无知以及可憎的家长专制主义，是孩子的人性美好观念从小就被歪曲的原因之一，他不再相信别人以及人性美好的一面。在家长的专制下,在大人没事找事和不断的数落中长大的孩子,会变得冷酷无情。我认为,这可能是发生在儿童或青少年的精神世界里最可怕的事情。家长的刚愎自用能搅乱孩子正常的动脑能力,在正常的家庭中,一个善于动脑的孩子懂得什么是善良,懂得合理的忍耐,懂得让步和妥协。因为这种心灵活动有家庭的温情做后盾。如果一个人在童年时代得不到温情的滋润,到了青春期他就会变得粗鲁、暴躁。

我经常听到父母担忧地说:儿子小的时候很友善,又乐于助人,还听话,可是一到青春期就变得又粗鲁又任性。为什么会这样呢?

我深信,发生这种情况的原因是父母不会使用自己的权威,而是迫使孩子去感知和体验一种强制性的力量,并把这种力量强加于孩子的意志之上。父母的权威应该用在帮助和激励孩子的内在力量上,让他产生成为一个好孩子的愿望。如果父母善于利用手中微妙的工具——父母的权威,每个孩子都会拥有这种美好的愿望。你一定要去亲近孩子,要小心翼翼地呵护这种还未成熟的、脆弱的思想,以免使其受到伤害。如果你将自己的权威从一个智慧的工具变为家长的专制和暴力,那么孩子未成熟的、善良而脆弱的、想成为一个好孩子的美好愿望就会破灭,最令人不安的想法和变化可能就会在孩子的心中出现。

请尊重孩子想成为一个好孩子的美好愿望,悉心呵护孩子细微的心理活动,不要滥用父母的权威,不要将父母权威的智慧化为对孩子的专制,不要破坏孩子对美好愿望的追求。别忘记,你们的儿子和女儿与你们一样,也是人,当你们试图把自己的意志强加于他们、把他们当作自己专制下的玩偶时,很显然,他们的心中也会发出抗议。

有些父母不知怎么想的,他们总觉得,如果给孩子"施加压力",孩子就会拿到5分和4分。许多父母认为,孩子的学习成绩同时也是道德品质的体现。这是一个极大的误解,它会给孩子造成严重的伤害,有时甚至会让孩子的内心受到重创。把学科分数和道德品格混为一谈是没有道理的,这是一味追求高分的结果。将分数当作教育成功的唯一指标,这是学校教育的最大弊端。许多老师在与父母谈论学生的情况时,自始至终就只谈学生的分数。于是所有的一切都被归为一个简单的结论:有好分数就是个好孩子;学科分数"不是我们预期的",就说明学生"未达到所要求的水平"。

在这种奇怪的、不专业的教育观点中,作为品质、能力与爱好的多面和谐统一体的"人"就完全消失了。遗憾的是，这种观点已经渗透到家庭和社会生活当中。我不能心平气和地阅读那些总是围绕着一个主题写的文章：得3分的学生就是"学渣"，废物一个。

亲爱的老师们，是该清醒的时候了：3分就是及格，意味着学习成绩达到了所要求掌握的水平。顺便说一句，如果所有老师都能对这种现象有一个正确的认识，大家就不会再弄虚作假，不会再对"3分生"另眼相看；父母就不会再对孩子提出他们力不能及的要求。毕竟，不是每个孩子的能力都一样，一个孩子可以毫不费劲地拿到4分、5分，而对另一个孩子来说，即便是得3分也非常吃力，他所付出的努力要比前者多得多。

第三种不合理的父母之爱就是只在物质上给予孩子满足的爱。有些父亲还真的相信，只要满足了子女所有的物质需要，他们就尽到了为人父母的职责。他们认为，孩子穿好了，吃饱了，健健康康的，有书看，有人教，一切学习用品应有尽有，还有什么不满足的？这样的父亲以为，父母之爱可以用物质上的满足来衡量，或者最起码能以此作为交换。

在此，我想提一下，在我们的生活中有时难免会跟这类父亲打交道,尽管为数不多,但很有必要谈一下,他们患有"精神情感冷漠症",并属于不治之症。他们压根儿不知道什么是父母之爱。为什么主要针对的是父亲呢?因为这样的母亲几乎不存在,母亲差不多每时每刻都会去关注孩子的精神感受。对孩子精神情感上的冷漠和无情的态度,并不是父亲受教育程度不够导致的,而是把孩子的教育与所应承担的社会义务完全独立开的错误观点所造成的。

在这样的家庭中,如果母亲再不给予孩子足够的重视,成为孩子精神生活的中心,那么孩子的精神显然就会非常空虚、贫乏。他们虽是在人群中生活,却不了解人,这正是这类家庭中最危险的事情。他们完全不知道什么是温情、关心、同情和怜悯,他们无法用心去接触人们微妙而细腻的情感。这类孩子长大成人后,将会成为完全不懂情感的情感障碍者。对此,学校要承担重大的教育责任,他们必须在校园内接受特殊的情感教育训练,这是学校理论和实践教育的重大课题。不幸的是,在教育学领域中,根本没有人去专门研究这一课题,即如何教育那些因家庭环境而失去健康的精神和情感生活的孩子。充其量,学校只能关照到,如何"确保"孩子有一个好的学习成绩,以此来弥补孩子精神和情感上的缺失。

手捧鲜花的人

真正的父母之爱应该是什么样的？要想让我们的儿女成为真正的人，应该在他们心中留下什么？怎样用父母的爱在孩子们的心中点燃感激之情？父母的滴水之恩，又怎样能让子女以涌泉相报呢？

教会孩子去认识和理解一个人，恐怕是育儿过程中最难的事情了。应该用父母之爱激发孩子童稚的内心，让他去认识周围的世界，去了解人们为这个世界所创造的一切，什么为我们人类所用，当然，最重要的还是对人本身的认识。我坚信，要在孩子心中培养高尚的情操，就要从人道主义精神上开始教育他们，帮助他们在最大程度上建立一种高尚的人际关系，对人们心中的纯真和高尚情感心生敬意，尤其是对自己父母的敬重。

孩子刚入校门的前几年是我们与父母打交道最多的时候，也是最重要的阶段。这里需要特别强调一下，一定要让父母共同参与孩子的教育。老师、校长与父母每周的私下谈话，每一个想法和建议，简直就是一个人类教育的实验室。为了能让孩子用心去感受身边的人和事，我们在一起出主意：应该让孩子做些什么，应该怎样调动他参与生活的积极性。

我们与父母一起努力，把我们的学校打造成一所人性化教育的基地，尤其是对小学阶段的学生而言。在这所学校里，最有价值的课程是为生活创造美好，关心他人的幸福。一切能赋予孩子审美乐趣、快乐和满足感的事物，都具有意想不到的、神奇的教育力量。从这样的学校走出来的孩子，会为家庭、父母以及他人创造美好的生活。

我们每年秋天都会举办"家庭玫瑰节"，我要强调的是，这首先是个家庭的节日，然后才是学校的节日。所以，孩子们不会像往常过节一样在学校聚会，那些节日缺少真诚，违背孩子们的天性，孩子们很多时候找不到真正过节的感觉，很多人都是装模作样。而"家庭玫瑰节"这一天，孩子们主要是与家人团聚在一起，节日的准备工作是由学校来完成的。

秋日的"家庭玫瑰节"，就是每个孩子在家里后院种几株玫瑰。我们给孩子们准备一些玫瑰花苗，让孩子们带回家种上，并细心照料，为家里增添一份美丽，为父母和祖父母带来一份快乐。

当孩子们栽种完玫瑰后,还要常常提醒他们:要松土了,要浇水了,天气冷了要把它们盖好等等,因为孩子们还没有养成关心呵护它们的习惯,也缺乏坚持不懈的毅力。至于老师所说的,一棵被照料得好的花将会绽放出芬芳的花朵之类的事情,对他们来说也是遥不可及,他们还无法想象。孩子还不知道如何耐心地等待并努力实现目标,这些都需要教给他们,并让他们在劳动中习得。

当玫瑰花结出第一个花蕾,紧接着是第二个、第三个……当一朵朵玫瑰花争相开放,姹紫嫣红的花瓣在阳光的照耀下鲜艳无比,孩子们的眼中闪烁出无比喜悦的光芒。这可不是孩子从父母那里得到礼物时的那种快乐,也不是闲暇放松时的那种愉悦,更不是外出旅游前的那种兴奋。

这是为亲人,为父母和祖父母做完一件好事后的乐趣。而做好事本身就是一种美德,会使人感动、激动,使孩子发自心底地高兴。可以想象,这个孩子在迫不及待地等着花蕾开放时,就已经感受到了什么是忍耐。此时,一旦不巧有人摘去了他准备送给母亲的那朵花,孩子会有多难过。这就又变成了他的一种心路历程,要是一个人从未经历过痛苦的滋味,就还不能算得上是一个真正的人。

就我本人来说,没什么比看到孩子们摘下自己亲手种的玫瑰花，送到母亲手里时的那个高兴劲儿更让人幸福的了。此刻，他们的眼里闪烁着纯真的光芒，人性因此而变得美好；他们的内心深处充满了喜悦，这是一种为他人做好事所带来的快乐。

孩子有了为他人做好事的经历，第一次从中获得了全新的感受，他领悟到这是一种美德。他从苹果树上盛开的鲜花中，从一串串即将成熟的葡萄中，从争相开放的朵朵菊花中，看到了自己曾经的付出、操劳和焦虑，因此，他便不会轻易地抬手折断一节树枝，也不会随手摘取花园中的一朵花。

"手捧鲜花的人不会去干坏事"，索罗乌辛这优美的诗句正是对父母之爱的解答：父母的爱应该是什么？我们应该留给子女的又是什么？亲爱的父母们，我们的爱应该像和煦的春风，轻轻吹入孩子的心中，温暖他清凉的心田，唤醒他关心父母、关爱他人的意识，点燃父母小心翼翼留在他心中的希望之火——成为一个善良、有人性、有高尚情操的人。

小学一年级的生活很快就过去了，孩子们一升到二年级，我们就和他们一起开垦一块"感恩园"。这是给在这个地球上辛勤劳作了四五十年，甚至七八十年的老人们享用的。我们通常会找一块废弃的土地，通过改良土壤，让它变得肥沃，美其名曰"感恩园"，在此种植葡萄、苹果树、梨树、李子树等。这可不是一件容易的事，然而我们做到了，为使土地有强盛的生命力，我们还运来了数十吨肥沃的淤泥。这项工作具有崇高的目标：我们将带给人们欢乐。因此，这项工作的乐趣是无与伦比的。

当感恩园里的第一批果实成熟时，孩子们就会邀请受人敬重的祖父和曾祖父们一起来这里品尝。亲爱的父母们，引导你们的孩子沿着这条精神道德之路发展下去吧！为他的劳动赋予精神的灵魂。你们会发现，当他在感恩园里摘下水果，双手捧给那位在这个地球上劳作了半个多世纪的老人时，他的内心会留下不可磨灭的烙印，这是他人生第一次到达了精神道德发展的巅峰。

有过为他人无私地做好事的快乐经历后，孩子也就获得了一份宝贵的心灵财富：他会用心去感受对方，知道身边的伙伴、朋友、任何一个人在什么时候以及在哪方面需要帮助。一个内心感觉到应该去做好事的孩子，一个知道他人需要什么的孩子，会对身边的环境和人，对各种行为举止、各类事物以及人与人之间的关系变得非常敏锐，领会能力也很强，懂得体贴他人。马克思将此描述成"自由人最强大的精神财富"。要知道,经历过与人为善的快乐后,孩子对父母会有多体贴啊!他们能感受到,劳累了一天的父母需要休息;他们懂得,安静、祥和、整洁的房间,以及舒心与温馨的空间,都是孩子们应该为父母营造的用以充实精神生活所必要的条件。孩子们已经认识到了做好事的乐趣,他们能深深地感受到,自己的不良行为、不好的学习成绩都会使父母伤心,而让自己最亲爱的人伤心,对于一个心地善良、富有同情心的孩子来说,这无疑是一种罪恶,一种不道德的行为。

有时候,一个心地善良、富有同情心的孩子好像在没有做什么对不起父母的事时也会感到不安。一个四年级学生科利亚曾对我说:"我必须好好学习,我的母亲患有心脏病。"孩子觉得,如果母亲看到成绩单上有不好的分数,就会伤心。他希望母亲能够安心地养病。他知道,他可以通过努力学习来使母亲心情愉快,不让母亲为自己操心。

孩子们自己心甘情愿地好好学习,这应该是所有父母的心愿。我们该如何激发这种学习的欲望呢?只要孩子们希望父母开心快乐,他们就会主动学习,这就是根源所在。也只有在孩子已经经历过、感受过曾带给过他人快乐时,他心中的这种欲望才会被激发。我深信,只要能够激发孩子多做好事的愿望，能够引导他体贴身边的人和事，能够培养他用心感知他人内心世界的能力，你就能够让他好好学习。

我们认为，最重要的教育任务之一，就是让孩子用心去读懂一个人的眼神，明白一个人说话的语气，感受他行动中隐藏的痛苦、悲伤和郁闷等不良情绪。然而，对那些在父母不理性的溺爱之下长大的孩子来说，则很难激发出他们对别人的体贴之心。

我记得一个叫卓娅的小女孩。她的母亲实在是太疼爱她了，对她任何离奇古怪的要求都会满足。母亲得了重病，身体极度虚弱，病情也时好时坏。

卓娅所在的三年级打算沿着第聂伯河进行一次为期五天的趣味旅行。卓娅的母亲来学校问我们，需要给女儿路上带点儿什么，一个重病的人从家走到学校，对她来说，其实是非常困难的。可为了女儿，她还是忍着会间歇发作的病痛来到了学校。我设法说服她，让卓娅哪里也不要去，母亲病成这样，她应该留在家里照看母亲。我从教室里把卓娅叫出来，告诉她：你不能把重病的母亲一个人留在家里不管，你得留在家里陪她。可她却大哭了起来。"难道你看不到你妈妈病成什么样子了吗？"我问她，"她病成这样，为了装出一个健康人的样子，她要花出多大的力气，难道你就看不到吗？"这个女孩不解地看着我。

"我怎么知道？"卓娅淡淡地说，"妈妈又没说她生病了。"

卓娅不能和同学们一起去旅行，显然很不高兴。虽然她明白，不能把母亲一个人留在家中不管，可她心里却很不情愿，这就是麻烦所在。几年来，我一直努力唤醒这个小女孩的良知，不过，这已是一颗坚硬如石的心，这没什么奇怪的。可我没有放弃，我教她观察人的眼神，因为眼睛是心灵的窗户，学会感受他人的生活——什么使这个人快乐，什么又让他伤心。

一次，我带卓娅到甜菜种植园拜访一位英雄母亲。有八个人正在干活，我对卓娅说，在这些妇女当中，有一位是牺牲在前线的三位英雄的母亲。一位母亲失去了三个儿子，不管过去了多少年，这种伤痛永远不会从她的心中消失，每个细心的人都会注意到这位母亲充满悲伤的眼神，并且会用心去感受她。卓娅认出了这位英雄母亲，这一天在她的心中留下了不可磨灭的印记，使她终生难忘。她不再是一个冷漠的女孩，而变成了一个体贴、暖心、细心的女儿。晚上，她不再将母亲独自留在家中，一个人出去找朋友们玩,而是尽己所能让母亲开心。

现在,卓娅已长大成人,她嫁了人,还育有一子,去年秋天,她焦急地来到学校。"快点儿,有个人需要帮助!"由于走得太急了,她喘着粗气说,"如果不帮他,我担心会出事。"稍稍平静以后,她告诉我,在森林里的一个老树桩上坐着一个悲痛欲绝的老人,他垂头丧气,低着头,什么也不看,什么也不听。"他的眼中充满悲伤和绝望,我们得快点儿去帮他。"卓娅着急地说。

我们开车赶到了森林里,原来那个老人是我们村子里的。他悲痛欲绝,三天前妻子过世了,他的儿子和兄弟也都在前线牺牲了,现在他孤独一人,在这个世上已经没有一个亲人了。我们把老人送回了家,可他又不肯进自己的小屋,他害怕孤独。于是,我们就安排少先队员每天来看望他。卓娅变成了老人和孩子们的朋友,卓娅和孩子们也成了老人的亲人。孩子们在老人房前的地里种上了玫瑰,这里便成了一个玫瑰园。老人曾对我说:"如果不是卓娅和孩子们,我是活不下去的。"

尊敬的父亲们,我们应该给子女心中留点儿什么呢?这个问题我们应该多问问自己。我们应在子女的心中留下劳动人民在数百年的奋斗史中所创造的、饱经磨难的道德价值观,这些道德价值观在人们几个世纪的奋斗中已得到了肯定,它体现了人类的崇高尊严。让我们永远记住,在社会的现代化建设中,最崇高、最具荣誉感的创造,就是对人才的培养。

寄语父亲们

冬季的晚上,父亲们常常会到学校来,跟我们这些老师谈些不同寻常的话题,事关一个男人在家庭中的崇高使命。谈话之所以重要,是因为父亲在孩子的抚养上占有特殊的地位。

的确,孩子多么希望自己的父亲具有强大的人格魅力,鲜明的个性和强烈的责任心。如果每个父亲都知道并理解孩子内心的渴求就好了,孩子们是多么希望有一个智慧而勇敢的男人陪伴在自己身边啊!

五十年代初期,我们学校有两个二年级学生,她们是好朋友。其中一个叫娜塔莎,她没有父亲。小的时候,她常常问母亲父亲去哪儿了,母亲一般都不回答她,一次,她再提到这个话题时,母亲却哭了起来。娜塔莎上学以后,就再也没提过有关父亲的问题。

她的朋友娜斯佳父母双全。娜斯佳到娜塔莎家找她玩的时候问道:"你爸爸呢?"娜塔莎很难为情,她不愿说自己没有父亲，于是就跟娜斯佳说："我的爸爸是一名飞行员，他经常飞行，很少在家。"娜塔莎每天都会从母亲给她的午餐费中节省几个戈比，这个小秘密只有她一人知道。后来，她特意坐公车去城里，用节省下的钱买了一顶飞行员的帽子。要是老师在她的本子上打了一个不好的分数，她就会对自己的朋友说："哦，我爸爸会说什么呢？"说这话时，听起来倒不是害怕什么，反而带有一种骄傲。

娜塔莎长大了，她现在有了自己的家：丈夫和两个女儿。我记得这个年轻的母亲第一次把大女儿带到学校的那天，这样说道：

"您很难想象，我小时候是多么渴望有一个父亲。我硬是在我的想象中臆造了一个父亲，这样活起来要轻松点儿。我把父亲想象成一位慈祥而又严厉，对我要求严格的人。我多么希望有一天他能拿起我的本子说：'嗨，女儿，你这都是些什么呀……'尤其在我生病的时候，心里很难受，我是多么希望有个壮实的男人走到我的床边，用温暖的大手抚摸着我的头，逗我开心：'没事的，女儿，你很快就会好起来！'"

我知道许多孩子的父亲在伟大的卫国战争中牺牲了，现在这些孩子虽然都已是成年人，但他们仍然像珍惜圣物那样珍惜着父亲留下的物件：肩章上的星星、皮带、手帕、笔、小荷包袋、书包……

一个叫谢廖沙的孩子让我终生难忘，他的父亲在喀尔巴阡山脉的一场战斗中壮烈牺牲了，母亲收到一个蓝色信封，里面装着丧葬通知，她哭了很久。战争结束后，士兵们从前线归来了。有一次，在炎热的夏日，一位白胡子士兵来到谢廖沙家的院子里找他母亲，告诉了她丈夫牺牲时的情况。老士兵随后转向谢廖沙，说："你父亲是个机枪手，是被法西斯的炮弹炸死的。在他牺牲的地方，我只发现了一把汤匙。"说罢就交给了他。

岁月流逝，谢廖沙也成了一名士兵，他把他父亲的遗物随身带到了部队，他服了三年役，这把铝质汤匙成了他形影不离的伙伴。现在谢廖沙有三个儿子，他们祖父的汤匙被放在家里最显眼的地方，我敢肯定：这把汤匙会一直放在那里。

如果我们要衡量一个父亲是否是一个对社会有用的人，是否可以为孩子们树立一个好榜样，这首先要看他对自己的孩子是否尽到了责任。

一个家庭的关系，历来是这样形成的：父亲一生的辛勤付出只是为了孩子们的生活，为了孩子们的健康和幸福，这些就是他的精神核心。一个男人越是心甘情愿、满怀喜悦地为他的家人付出，他的品格就越高尚，他就越能为孩子树立起一个好榜样。

父亲是孩子最亲近的人，从孩子来到世上的那一天起，做父亲的就要为他的一举一动、一言一行承担起不可推卸的责任。父亲肩负着塑造子女人格与完善精神道德的重任。

我希望所有的父亲都能够明白：孩子是否孝顺、听话、乖巧，这完全取决于一个父亲对家庭和孩子所承担的那份责任。父亲为人民服务，忠诚于祖国，并奉献自己的一生，这是孩子们的骄傲。他们珍视父亲为人民作出的一切贡献，更为一直用自己的智慧和汗水无私地为祖国和人民创造着物质财富和精神财富的父亲而自豪。

人们常说："子女要有自己的根。"父母的根，父母的功绩，父母的荣誉不应成为子女赖以生存的资本，更不可以成为子女谋取利益和特权的资本。如果子女没有自己的根，而只是活在父母的根之上，那么在他们的内心深处就会滋长出杂草。父亲对社会的功绩越显著，子女就越需要自己出光出彩，以免总是被罩在父亲的光环之下。父亲可以用忠于社会崇高理想的热情，用为理想而奉献的精神，点燃子女的激情，让他们通过自己的努力扎下深深的根。我们的老师在自己的工作领域中尽心尽力，就是希望每个学生都能发现父亲身上那些持久的富有人文价值的特征——家庭的骄傲和尊严。从自己父亲身上得到对精神财富的认识和理解，是培养公民荣誉感不可替代的课程。

这里我们来看看两个案例：

> 放假了，父亲对别佳说：
> "儿子，今天咱们到我的田里去一趟吧！"
> "你有自己的田地吗？"儿子问。
> "有啊。"
> 他们先是坐了火车，然后改乘公车，走了很长时间，终于到了一个森林，森林边有一片宽阔而平坦的田地，田里的麦子已经抽穗。
> 父亲说："这是我的地。在这里我与纳粹战斗过。当时，敌人就是被我们从这里赶跑的，在这片土地上洒有我的鲜血……瞧，我受伤后就是躺在那个地方的……"
> 儿子陷入了沉思，一副严肃的样子，他开始以一种全新的眼光仔细地注视着这片对他来说似乎是再普通不过的土地。也许正是在那一刻，男孩明白

了为人民服务的意义。也就是在这里，他从父亲的身上看到了一个捍卫祖国的忠诚战士，一个英勇无畏的男子汉。如果每个儿子都能像别佳那样，在看到这片不一般的田地后，充满爱意地注视着他的父亲，我相信，儿子就不会再有不听话和不尊重父亲的地方了。

我们再看看下边这个例子：

> 二年级学生皮利普卡的父亲也和纳粹分子战斗过，并被授予军功章。在冬日的长夜，父亲常常给儿子讲述战争岁月中的故事，讲行走艰难的道路、雪地战壕和沼泽地，以及士兵们如何英勇杀敌。
>
> 一次，皮利普卡听完父亲的战争史，躺下睡觉时，充满感慨地脱口而出："这枚勋章拿得是多么艰辛啊！"很快，暑假到了，这个男孩把学校奖励给他的一本带生动插图的故事书带回了家，妈妈很高兴，她翻着书，嘴角露出了满意的微笑，而皮利普卡却很沉默。
>
> "怎么了？为什么得到了奖品反而不开心呢？"

妈妈一脸诧异地问道。

"因为这没什么了不起的。"儿子回答。

不仅做父亲的,就连我们老师都要考虑这样的问题:如何让"困难""卓越"和"应该"这三个概念在孩子的脑海中融为一体呢?对这个问题,我们还是关注得很少。在教育孩子对长者,尤其是对自己的父亲要持敬爱之心时,老师应该非常细心,还要掌握好分寸。

课堂上,老师向一年级学生一一询问他们父母的情况。孩子们回答,老师做记录。当听到同桌讲述父亲的故事时,彼得的脸色顿时发白。

原来,就在前一天,彼得从学校回来时,在茶馆附近看到了自己的父亲正歪歪扭扭地趴在栅栏上,一双醉醺醺的眼睛看着路旁。"爸爸,咱们回家吧!"彼得哀求道,过往的行人一个个地都看着他们,他感到羞愧难当……

此时的窗外阳光明媚,拖拉机在田野里嗡嗡作响,世界似乎宁静而祥和。然而,这难道真能算得上祥和吗?还有一个小彼得在为醉酒的父亲落泪,提心吊胆地等待着老师的随时提问,身上还一个劲儿地往外冒冷汗。我们是否想过,这时的这个孩子对一切光明的、快乐的和正确的信念是不是瞬间就会瓦解呢?当孩子不再相信"正确的"一词存在时,根本谈不上什么真正合格的教育。"正确的"这个词也是我从一个少年的家庭悲剧故事中借用来的。一个孩子之所以幸福,是因为他相信幸福的存在。不听话、傲慢无礼、轻率鲁莽,孩子的这些行为恰恰都出现在他们信念崩塌的那一刻。

如果被问及工作中最困难的事情是什么,我会回答:与孩子谈论他们的父母[1]。在这里,细微的疏忽和失误都会造成灾难性的后果。

在一年级的教室里,孩子们正在聚精会神地画秋天的风景。"米佳的爸爸进监狱了!"突然一个男孩大声喊道。帕夫利克是米佳的邻居,昨天,这个男孩从他母亲那里得知了这个消息,他觉得"很有意思",心里也藏不住这个消息。

太出乎意料了,我一时不知该怎么办。米佳的脸涨得通红,他握着画笔的手开始颤抖。

"这没什么奇怪的。"我对孩子们说,"你们知道的,

---

[1] 由于民族文化的问题,乌克兰的部分男人有酗酒、不顾家庭的习惯,离异家庭司空见惯,这给整个家庭,尤其是孩子造成了严重的心理影响。——译者注

米佳的父亲是玻璃安装工，你们还记得他给我们学校的窗户装过玻璃吗？监狱里的窗户也需要更换新的玻璃，米佳的父亲是给那里的窗户装玻璃去了，这个活一时半会儿是干不完的。"

这时，米佳的双眼里充满了感激之情。

教师的天职就是保护孩子的灵魂。有时候，在孩子面前会出现很难堪的一幕，像一把锋利的刀刃咄咄逼人，他惊恐万分、手足无措。类似的情况，比如，孩子本不想让外人知道的家庭隐私，却在有意无意中被暴露，在那一刻，他们就会有这种感受。

这就是为什么我要对父亲们说：你们要知道，也请你们记着，孩子们会为你们的堕落而感到悲伤，也会为你们的快乐而感到高兴，他们会把这些视为自己的切身感受。请珍惜孩子那份纯真的爱吧，要增强孩子追求美好信念的决心！

孩子，我们生命的延续

从古至今，扎根于大众道德范畴中的真理就是：好孩子是父母的荣耀和自豪；坏孩子，则是他们的悲哀、痛苦和不幸。自古以来，无论是在精神上，还是在道德上，人们都有一种渴望为人父母的激情，并将此作为一个人最大的幸福。他们希望自己的生命在孩子身上得到延续，希望先辈们光荣的生活传统及自身创造的精神财富，能够代代相传，并发扬光大。

下面这个故事并非传说，而是活生生的现实，它发生在第聂伯河岸的一个古老村庄里。

村里有个百岁老太太，她养育了五子七女，每个子女又都有几个孙子，几乎每个孙子都有两三个孩子。只有一个叫薇拉的孙女，从结婚到现在一直都没有孩子。一个温和的夏日，"老祖宗"——整个家族都这样称呼她——满一百零七岁了，儿女们、孙儿、孙女们和曾孙子、曾孙女们都来为她庆贺生日。他们在苹果园里众星捧月般地簇拥着"老祖宗",一一向她鞠躬,祝她老人家身体健康、精神矍铄,夸她思维清晰、目光敏锐、说话公道。老祖母环顾了一下四周,差不多所有的亲人都到齐了,唯独不见薇拉,老祖母心里很不是滋味。她刚想问:"薇拉怎么没来?"恰好这时,邻居匆匆跑了过来,鞠了个躬,道喜说:"薇拉生了个儿子。"

老祖母长舒一口气,满脸光彩熠熠,喜悦之情不言而喻。她注视着每个人的眼睛,平和地说:"我要离开这个世界了。"音落人走,就这样,这个地球上最幸福的人驾鹤西去了。

多年来,我每天都坚持与父母交谈,既与那些因儿子的降生而感到兴奋的人交谈,也与那些快当爷爷奶奶的人交谈。身为父母的成年人能够与我分享自己的快乐和忧伤,把自己的秘密毫无保留地告诉我,这是一份信任,对我来说非常宝贵,这些秘密是需要用心来谨慎保守的。随着岁月的流逝,我越来越相信,当一个人成为父母之后,自己也得到了重生。

我永远不会忘记那个激动人心的,对我极具教育意义的事件。我们学校里曾有过一个叫斯捷潘的男孩,多少年过去了,他留在老师们记忆中的,仍然是一个让人无法忍受的捣蛋鬼印象，但同时他又是一个善良、热情的孩子。斯捷潘长大结婚后，他的形象才开始在我们的记忆中慢慢淡化。

有一天，大约有五六位老师在办公室闲聊，突然，门被推开了，进来的是斯捷潘，他兴冲冲的，头上也没戴帽子，手里还拎着一瓶香槟。对自己的唐突到访表达了歉意后，他前言不搭后语地讲述了来这里的原因：

"今天我太高兴了，我去产院接我的妻子和女儿来着。亲爱的老师们，今天，我好像开悟了。我意识到，要是一个人能对另一个人负责，那才是真正意义上的人。当我第一眼看到女儿的小脸蛋时，曾经那个懵懂的我就立刻浮现在眼前，这让我回想起了我的学生时代，我曾给老师们带来了多少麻烦，请原谅那个不懂事的我吧！现在我明白了，明白你们辛勤付出的意义了，请你们教我如何教育孩子吧！在这方面你们都是行家……"

他接着说，他和妻子说好了，女儿就叫他第一任老师——奥莉嘉·彼得罗夫娜的名字。我们走出校门，去他家向那个幸福的母亲道贺。

在以后的日子里，斯捷潘常常会带着疑惑来找我，他会问：养育女儿的方法正确吗？瞧，她已经六个月了；瞧，她已经开始学走步了,她已经开始咿呀学语了……他的疑惑与忧虑让我感到高兴,但最让我感到高兴的还是他的责任心。

"无论我在哪里,无论我做什么,我都会牵挂着家、牵挂着摇篮里的女儿。"斯捷潘与我们分享了他的感受,"好像总是有人在提醒我:如果你长时间不在家里,就会有不好的事情发生……"

年轻的父亲常常把他和妻子抚养小宝宝的快乐和忧虑与我们分享,并且每次还会得意地问:"怎么样?"他们夫妻俩最开心的就是女儿喜欢上了曾祖母玛丽亚。她会帮助曾祖母做家务,曾祖母也把曾孙女的帮忙当成是一件正儿八经的事。她会说:"我们在工作呢。""我们正忙着呢。""对我们来说非常困难。""我们累了。""我们在休息呢。"……这些语义严肃的词都是女儿在和曾祖母打交道时学会的。这些词中自带一种微妙的情感色彩,体现出相互间的爱和信任,以及亲人之间交流时的喜悦之情。

我仔细观察了这个家庭中孩子的成长历程。让我高兴的是,我看到了孩子通过自己动手来认识周围的世界,以及在活动过程中,孩子通过对事物和现象的了解,心中渐渐产生了对道德评判的标准。这个孩子对身边的一切都有自己的主见，因此，她从小就能够将自己的爱与不爱分辨得清清楚楚。对于这样的小孩来说，懒散和无所事事都会让她难以忍受。

曾祖母卧病在床，奥莉嘉人生中第一次尝到了什么是难过，她常常在一旁独自哭泣。

一天早上，这位年轻的父亲非常焦急地跑来了："该怎么办呢？老奶奶快不行了。是不是最好不要让五岁的奥莉嘉看到她心爱的曾祖母在临终前的样子，这样会不会更好些？"

我对他说："你们不能总让孩子回避这个现实世界吧！对生命的认识首先要从认识人开始，孩子来到这个世上第一眼看到的是什么？是母亲的眼睛、笑容、喜悦和阳光。珍惜生活的乐趣就意味着要珍爱生命，就要懂得生命是一种无价之宝。生、老、病、死本是人的生命常态，正确地引导，让孩子去认识并接受这个现实，对她的成长也会有帮助的。"

如果你们这些做父母的期望自己的子女以后成为一个有用的人，能够维护你们的尊严，能够把你们的话语和意志视为他们不容置疑的行为准则，那么请你们从小就教他认识这棵完整的生命之树，从它的一根一苗，到它成长壮大，再到它枯老衰亡，直至完全消失于世。

要了解生活，珍惜生活，珍爱生命，维护人格尊严免遭玷污和侮辱，对无耻行为要蔑视、要嗤之以鼻，这就是我渴望传达给父母们的育儿智慧之精髓。

当未来的父母来我们家长学校上第一堂课时，我就会从下面这个故事开始：

这是很久以前的事了，在乌克兰的一个村子里，姑娘和年轻的媳妇们决定举办一次手工秀。她们谈好了，周日都将自己亲手制作的绝活拿到集市上，什么都行，可以是刺绣的毛巾和花边，也可以是平绣的亚麻台布和桌布。这一天到了，所有的姑娘、媳妇都把自己认为得意的手工活带来了，展台上摆放着许多让人惊叹的精美之物。还有很多富人家的妻女也带来了用金银丝线绣制的丝绸床罩，薄如蝉翼的蕾丝窗帘，上面编织着逼真的飞鸟和花卉。在大家的举荐下，一些年长的老人组成了评委会，他们需要从中选出技艺精湛的大师，这么多能工巧匠，他们看都看不过来。

然而，出人意料的是，最后选中的大师级巧手却是一个穷人的妻子玛丽娜。她既没有带绣花的毛巾，也没有带钩织的花边，尽管她的针线活也是一流的。她带来的是她七岁的儿子彼得鲁斯,彼得鲁斯带来了一只百灵鸟,那是他亲手用木头雕刻成的,男孩把百灵鸟放到嘴边一吹,鸟儿的叫声就像真的一样。所有的人都屏气凝神,一句话不说地站在集市的广场边,集市上方湛蓝湛蓝的天空中飞来了一群欢声齐鸣的百灵,原来它们是被木百灵发出的清脆歌声吸引来的。

"那个能够培养出聪明、善良、勇敢者的人,就是我们今天最成功的大师。"老者们就这样选出了优胜者。

在家里,父母小心翼翼地与孩子进行心智上的交流,其实这就是在书写被我们称为"社会教育"中最智慧、最不容易,同时又是最简单的一页。说它简单,是因为每个父母都能够心领神会。家庭是社会的组成部分,家庭这块基石若能坚实,社会这座大厦就会牢固,否则,就会给社会造成危害。造成危害最常见的原因是家长的不负责任。如果你没有孩子,那么你就是一个"单纯的"人,要是你有了孩子,你就要承担千百倍的责任,这一思想已融入了我们对父母的教育之中,我们力求将其作为主轴贯穿于整个父母教育过程之中。

当你在为一个新生命奉献一生的同时,也就在民间编年史上写下了自己的名字。

父母的不负责任和轻率行为是一种性格上的缺陷，其根源在于对生活中幸福和快乐观念的曲解。那些不懂得在孩子身上重塑自我的人，也许很难想象得到，在他的暮年，等待着他的将会是孤寂和无助。

暮年的孤寂是人生中最大的不幸，这是完全可以理解的，当你深入到他们的灵魂深处时，你就能体会到他们的痛苦。在年轻的时候，他们游手好闲，飘忽不定，到了垂暮之年变成了一个孤苦伶仃的人。请接受教训吧，无忧无虑的年轻人！请接受教训吧，尊敬的父亲们！不要因为在你们的人生旅途中偶然遇见了一朵芬芳的鲜花，就轻易地将那朵为了家庭和孩子而渐失光彩的花朵抛弃。要知道，那可是真心爱你的妻子。请接受教训吧！下面是我亲身经历过的一个真实故事，就事情的本身，我会翔实讲述，只是会隐去他们的姓名。

曾经有过一个三口之家，母亲、父亲和儿子，在儿子还不到一岁的时候，父亲便悄悄地离开了母亲，也没有说他要去哪里，为什么要走，只留下母子二人相依为命。

母亲的生活很艰难，早上，她先把儿子背去托儿所，然后自己才去上班。

儿子稍大点儿后，母亲不用再背他了，而是带着他去

幼儿园。在幼儿园,儿子发现其他孩子不仅有母亲,还有父亲,这让他十分吃惊,回家后,他问妈妈:

"为什么其他孩子有父亲,而我却没有?小朋友们说没有父亲就不会有儿子……这是真的吗?"

"是的,没有父亲你就不会来到这个世上。"

"那就是说,我们家也有过一个父亲?"

"是的,我们家曾有过一个父亲,他离开了我们。"

"他为什么要离开我们?"

"他不爱我们了,所以他离开了……"

"'不爱'是什么意思?"儿子问。

母亲想尽了办法也没能解释清楚,一个三岁的孩子没法理解这些,母亲对他说:

"再长大一点儿,你就明白了。"

又过了两年,儿子已经五岁了,他又问母亲:

"妈妈,我的父亲爱他自己吗?"

"他爱自己还不如爱我们多呢。他不仅不爱自己,而且也不尊重自己。"

"'尊重自己'是什么意思?"

母亲试图给孩子解释,但这个五岁的男孩仍然无法理解这些复杂的东西。

一年过去了,两年过去了。七岁的儿子问他的母亲:

"妈妈,'尊重自己'是什么意思?"

"'尊重自己'就是在孩子身上重新塑造一个自己,把这个自己用另一个样子留在这个世上。不想在孩子身上重塑自我的人,也就不希望自己成为一个真正的人。"

"可是父亲,他不明白吗?"儿子诧异地问。

"只有等到他老了的时候,他才会明白这个道理。"

儿子七岁时,母亲嫁人了。在和儿子单独相处时,母亲对儿子说:"这个人爱我,我也爱他,如果以后他喜欢上你,你也喜欢上他的话,或许,你可以做他的儿子,而他就成了你的父亲。在这之前,不要叫他'父亲',也不用喊他'叔叔',这好像不大好,可是……你只称呼他'您'就行了。"

母亲的第二任丈夫是一个善良、热情的人,可是小男孩并没有亲近他,因为对他没有信任感。"那个没有他,我就不可能出生的人都没能成为我的父亲,而这个外人又怎么能成为我的父亲呢?"小男孩这样想,这种想法也使他很难受。

一次,他生病了,昏睡了几天几夜,有时偶尔会清醒一下。一天晚上,他觉得稍好了些,微微睁开双眼,看到继父在他身边坐着,握着自己那弱小的手哭了起来。小男孩闭上了眼睛,他希望这一刻永远定格。一分钟过去了,两分钟过去了……这个男人抚摸着他的小手,男孩的心突突地跳个不停,感觉到从未有过的幸福。他感到,这个男人是真心地希望他好起来,男孩不能再这样闭着眼睛装糊涂了,他再次睁开双眼,微笑着说:

"我以后叫您'父亲',好吗?"

又过了几年,这个幸福的家庭遭遇了极大的不幸:小男孩的母亲得了一种不治之症,卧病在床的十多年里,都是她的丈夫和儿子一直照顾着她。儿子二十三岁时,母亲去世了,儿子也结婚了,生了一个儿子,继父也老了,身体也不如从前,可是儿子依旧深爱着他。一家人一定要等继父坐到餐桌旁才会开饭;没有继父的建议,儿子不会随便对一件事情做决定。

日子就这样一天天地过着,一天,一家人正在吃晚饭,突然,有人敲门。开门一看,原来是一个老人光顾。

"你认识我吗?"

"不,我不认识你。"

"我是你的父亲。"

儿子想起了妈妈说过的话。他说:"我的父亲在这里呢,而您对我来说只是个普通的老人。"

老人恳求说:"可是,你是我的亲儿子啊。就让我住你这里吧。"

"好吧,您可以和我们一起住,"儿子说,"可是,我既不会爱您,也不会尊重您,更不会叫您'父亲'。"

就这样,他们一起住在了苹果树和樱桃树掩映下的大房子里。

夏日的一天,一家人围坐在花园里的桌子旁有说有笑。而这个老人却独自一人坐在屋子里,一家人的谈笑声传过来,满头白发的老人感到很难过,低下头呜咽起来。

尊敬的父亲们,准备步入婚姻殿堂的年轻人们,这个真实的故事告诉了我们什么?建立和巩固一个家庭靠的是爱的力量,是父母之间忠贞不渝的爱情,是父母和孩子之间纯洁无私的关爱。爱不是来自外界的灵感或开悟,爱需要巨大的付出。伟大的思想家和艺术家陀思妥耶夫斯基曾经说过:"家庭是建立在爱的不断付出之上的。"爱的奉献,就是潜意识中体现出的那个在孩子身上重塑自我的渴望,让自己内在的灵性美在孩子身上得以延续。如果你真正地爱自己的孩子,且这种爱是至诚至真的,那么,你对妻子的爱不仅不会随着岁月的流逝而褪色，而且会变得更加深沉和专一。爱是"英勇"之子，是一个柔弱而又反复无常的孩子。在孩子身上重塑自我，就意味着你是一位爱之勇士。

重塑自我

◎当你步入校门时,你还是一个七岁的孩子,父母觉得你弱小无助。

的确,你时刻需要大人对你的监护、关照和保护,在我们这个复杂多变的世界上,没有大人的关爱,你寸步难行。尽管你现在还小,但不要忘记,十年后,你从学校毕业,就将步入成人的世界。花开花落,春去秋来,十年光景转瞬即逝。对你这个七岁的孩子来说,十年的学校生活是难以想象的漫长,不过,这也本应是孩子认识世界的一个正常反应,但是对于你们的老师来说,十年时间却如白驹过隙。他们明白,那棵和学校同龄的老椴树,十年之后依旧枝繁叶茂,你青年时期的那棵葡萄树也不会与今天有什么不一样。

要学会考虑自己的成年生活,这将有助于你成为一个真正的人。我们这些大人,父母、老师们,奉献自己就是为了成就自己的子女、学生,但是你一定要记住,将来你会成为一个什么样的人,越来越取决于你个人的努力、你独立的人格个性。我身为你的老师,毫不夸张地告诉你:你将成为一个什么样的人,都取决于你懵懂孩童的那几年,你这个时候的言谈举止,决定着你未来潜能的发展。要珍惜大人们对你的管束和照顾,在感谢他们的同时,要努力尽早摆脱对他们的依赖。长大成人后,不要害怕劳动和生活中的困难,不要畏惧任何困难。你要为你能成为一个坚毅而勤劳、有耐力且尽心尽责、觉悟性高的人而感到自豪。

是否需要把这些都跟一个小孩说呢?多年的经验告诉我,不论是在学校教育中,还是在家庭教育中,尤其是在家庭教育中,我们总是把孩子当作幼童来看待,这是教育中的头痛事。可别忘了,今天的孩子,就是明天的成人,否则常常会出现你意料不到的麻烦。趋向成年的成长教育,是有关一系列伦理道德修养的教育问题,是一个将人的精神道德、智力和创造力发展融合在一起的过程。这样的教育不是只针对七岁年龄段的孩子,而是要在孩子整个成长阶段都必须常讲常说的,不过,关键还是对低龄阶段儿童创造力的培养,在这个阶段,培养一个人的创造力至关重要。

当然，这个问题不能从狭义的心理方面来考虑。一个人哪方面的才能得到了发展，以及他的才华在社会上起到了什么作用，都将为他的人生添光添彩，最终决定着他个人的幸福，也影响着一个社会的幸福。如果有些人从童年到青少年，甚至到成年都学无所成，一无所长，那就更无法想象他将来该如何融入到这个社会。因为，培养和发展一个人的能力都是从孩童早期就开始的，也就是说，刚入校门的前两年。一个人能力的形成和发展问题是一个宽泛的伦理道德问题，多年的工作经验证明，在童年时期就要培养和发展孩子的能力。要教小孩子及早地认识成年人的生活，这对促使他思想和精神趋于成熟有着重要的意义。

每个心脑健全的孩子都有很大的创造潜能，上天都公平地赋予了他们成为创造者所具备的一切。怎样发掘孩子的潜能，哪方面的才能能够得到发展，这取决于他幼儿时期（尤其是学龄前和上学后的两三年内）的行为活动。同时，孩子本身的态度和我们大人在激励他们思想、促进他们精神成熟方面的引导，对孩子智能的发展都是至关重要的。这就是为什么一定要培养孩子有成人生活的意识，因为这是伦理道德教育的范畴。

人与其他所有高级生物有所不同的是，大脑的"成熟"

过程非常缓慢。在孩子积极向上、绚丽多彩、丰富有趣的精神生活背景下，他大脑的成熟过程看起来简直就是一个奇迹，但这不再是天赋奇迹，而是真正的人类奇迹。孩子生活着、成长着，时而快乐，时而悲伤，有时嬉笑，有时哭闹，他有爱，也有恨，他似乎还没有真正"诞生"。我的意思是，大脑的成熟期也是可塑性最高的时期，有极强的敏锐感，这不仅反映在对外界事物和外部条件的高度敏感性上，而且还反映在这个"未完全出世"的小生灵的内在活动上，以及外部环境和周围世界对他的思想所产生的影响上。因此，在此期间，我们不仅要关照孩子的生活起居，而且还要关注他大脑的发育情况。

一个人的未来取决于他的智能发展状况，在母胎中获取的，仅仅是一种生命的物质，这就是我们所说的"先天条件"。而真正具有活力的人类生活只有在大脑最具可塑性的成熟期才开始。有智慧的父母应该在孩子大脑最具可塑性的时期，及时激励孩子最大程度地用大脑来完成一系列的活动，而教师则应有意识地把这种智慧集中体现出来。从一定意义上说，孩子是弱小的，不能没有我们的关心和爱护，但又不能让他感觉到他的弱小。相反，要树立他的自信心，让他感到他很强大，让他知道，他的周围还生活着无数的小生物，它们要比他弱小得多，它们需要他的关心和爱护。这就是为什么我们一定要有伦理道德的教育，一定要让孩子明白：虽然你现在还是一个孩子，但不要忘记，你很快就会长大成人，你不会总是一个孩子。当然，这只有那些有强烈好奇心的人才会这么想。我们面临着一项非常艰巨的任务，当孩子入学后，不要把他的行为活动变成单一的执行式教育，否则对孩子的智力发展是一个很可怕的威胁。

在学习的起始阶段，单调的课堂活动相当多，尤其是被迫记忆的活动（这是必要的，也是不可避免的），那么，这时考虑一些能够激发孩子好奇心，调动孩子积极性的活动，就显得尤为重要。

另外，有一点我必须再强调一下，孩子在逐渐走向成熟的时候，一定要让他在学校的工作室、试验田、花园、校农场中做点儿大人们干的活。应该让孩子时时处处都觉得有一种真实感。在我们学校，我们为低龄孩子提供了真正的小型机械，有拖拉机、小汽车和摩托车，还有脱粒机、割草机、谷物清洁装置系统等，还建了一个儿童发电站。当然，所有设备都考虑到了它的安全性，排除了意外事故发生的可能。教育的深刻意义在于：虽然你现在还是个孩子,但不要忘记,你终究会长大的。这样,孩子脑子中就有了一种成人意识,他用真正的机械(尽管很小)来收割庄稼,用脱粒机为小麦脱壳,还开着真正的拖拉机。在这几个小时内,他会用成人的思维方式来思考,会用成人的眼光来看世界。从我们大人的角度来看,这种活动多数跟玩一样,而对孩子来说,可完全不是玩。

从事小学教育的老师们,要力求赋予孩子们的劳动以成人的责任感。当进入青春期时,孩子就应该看到他童年时代的劳动成果:他亲手栽下的小树苗终会长大结果;童年时期钟爱的一粒麦子,在他的精心呵护下,终会变成一大堆小麦。孩子童年时期富有创造力的劳动,心甘情愿的劳动,心情舒畅的劳动,是思想和智力发展不可替代的源泉。形象地说,它既是燃料,又是保障燃料燃烧的新鲜空气,没有它,求知、好奇的火苗就会熄灭。

◎新生儿的诞生是一件极大的喜事。

要知道,你的出生对你的父母来说是一件多么快乐的事。每年,当你过生日的时候,父母都会兴奋地回忆起你出生时的情景,你的第一声啼哭,你说出的第一个单词,以及他们自己当时的模样。每个人来到这个世上不仅是为了人类的延续，他的到来更是一种独一无二的财富，是祖国荣耀、伟大和强盛之源。一个新人的诞生是人民的未来，父母的喜悦，甚至是整个民族的欢乐。孩子的心灵是否纯洁，品行是否端正，道德是否高尚，都取决于他周围的生活环境和人际关系，看他怎样对待新生儿，怎样对待孕妇，尤其是对待自己准备再次生育的母亲。要培养孩子用良好、正确的态度对待新生儿，我们就是这样来教育未来的父母的。

在乌克兰的一些村子里，一个新生命的诞生日就是全村人的节日，学校在这种理念的培养上起到了积极的作用。在一个良好的家庭中，一个小孩子在精神上非常需要与兄弟姐妹们进行沟通与交流，而在独生子的家庭中，培养融洽情感关系的环境就会差得多。要想照顾他人，先要从学会照顾自己的小弟弟、小妹妹开始，因此，亲情关系是培养同情心、体贴心和热心的沃土，对姐姐来说，这里也是培养她母爱的第一学堂。家庭中一个新生儿到来的阶段，甚至是期望新生儿到来的阶段，都是孩子精神道德发展上的一个独特阶段。

从孩子（不管是男孩，还是女孩）等待新生儿到来的那一刻起，他的精神世界就会特别活跃地开始表现出人性真实的一面。在同家长的单独交谈和个别咨询中,我们都会建议父母:如果你们希望自己的家庭是建立在本应有的一种相互关爱、彼此尊敬、富有责任感的基础之上的,那就请你们做个多子父母,而不是独生子父母;请让你们的每个孩子都能够有兄弟姐妹,哪怕有一个兄弟姐妹也好。最幸运的情况是,孩子的年龄间隔为三到四岁或者五到六岁。要知道,一个新生命的诞生会给孩子的心灵留下特别强烈的、不可磨灭的印象。在这种情况下,还不到青春期或成年期的孩子,在心理和情感上就已经得到了充分的发展,他能从一般意义上理解和感受人与人之间的关系,这种关系使他明白眼前的这个小生命和自己是有亲情关系的。弟弟或妹妹的出生为家中大人和小孩之间融洽的情感关系发展营造了极其有利的条件。

在同幼儿的对话中,以及对父母的建议上(这些建议一般都针对一些感情比较细腻的问题,只有在彼此完全信任的情况下,或是已经与这个家庭打过多年交道的情况下才可以),兄弟姐妹们,或是至少一个兄弟姐妹,若能把迎接一个新生命当成是自己生活中最庄严的事情,那么这些孩子就是在经历一次道德上的洗礼,在精神层面上得到提升。从某种意义上,要让孩子感受到:现在我将面临一份新的道德标准要求,现在我不只是父母的儿子,我还是这个小家伙的哥哥。如果学校能够引导一下父母,什么可以跟孩子说,什么不应该对孩子说,应该如何回答孩子的提问,那么这一事件将进入孩子的精神生活,这是一种非常纯洁的道德行为。

父母和老师经常会担心这样的问题:如何向孩子解释他们出生的秘密?有些人认为,有必要给孩子讲一下《白鹳送子》[1]的神话传说,而有些人则认为,让孩子知道全部或者部分事实真相也没什么,或许会更好些,也有一些人则用最常见的方式搪塞孩子:你现在还小,等你长大了就明白了。

尽管如此,我还是认为《白鹳送子》的传说在道德上仍然是最适合孩子的一种方法,因为这个富有诗意的艺术形象表现了人民的智慧,这既体现出了我们宝贵的文化传统,也顾及了孩子敏感细腻的心灵感受。给孩子们讲美丽的《白鹳送子》的神话传说,他们会完全像童话一样来理

---

[1] 这是丹麦的一个童话故事,讲的是一对善良的夫妇,年近半百却膝下无子,在一个七月的夏天,一只白鹳叼着一个婴儿篮,里面躺着一个可爱的宝宝,飞到了这对夫妇家中,然后放下宝宝就飞走了。后来人们把这只鹳叫吉祥鹳。——译者注

解它，并像相信童话一样去相信它。对于隐秘的、不可触犯的话题，也不可以含糊不清、闪烁其词，否则，孩子会觉得你在隐瞒实情，也不能将原本的真相赤裸裸地告诉孩子，而应该富有诗意地回答孩子，让他们自己去遐想。谁能因新生命的诞生而很快就要当哥哥姐姐激动不已，就让谁沉浸在纯真浪漫的童话故事中，满足他好奇的求知欲吧！这是没有任何危险的，相反，只有用这样的方法才能培养孩子的德行、操守。

我专门针对低龄儿童（学龄前儿童和小学生）编了一个关于生命诞生的童话：

> 奥莲卡，你不是问弟弟是哪里人，从哪儿来的吗？你的妈妈为什么成了他的妈妈，你成了他的姐姐，他成了你的弟弟吗？听着，孩子们，我来给你们讲一个世界上最真实的童话故事，听了之后你们就会明白的。请看，东方的天空渐渐变得通红，太阳就要升起来了。在一个遥远的地方，也就是太阳晚上休息的地方，有一片美丽的花田。现在，太阳正慢慢地靠近这片花田。火红的虞美人一年四季花香四溢，清澈的溪流从山谷穿过，发出清脆的叮咚

声。太阳给每位母亲,当然,还有你的妈妈,奥莲卡,送出了自己的一丛虞美人。当母亲想要宝宝时,她就在想:我会生一个什么样的宝宝呢?于是,遵照她的梦想,一个宝宝就会在花田中诞生。在母亲的梦想中和太阳金色的光芒下,一个新的生命就诞生了。一个活泼可爱的小生命静静地躺在深红色的虞美人花瓣上,伸着两只小手,微笑着,他很想来到妈妈的怀抱。这时,一只长着银色翅膀、碧绿眼睛的白鹳飞到了花田,用它的长喙轻轻地衔起躺在花篮里的小宝宝,把他带到母亲那里。这是她亲生的宝宝,是在她的梦想中孕育出来的宝宝。奥莲卡,你,就是太阳按你妈妈梦想中的样子创造出来的。那只鸟真是太神奇了。白鹳再次扇动着它那双银色的翅膀,重新飞向花田,因为世界上有许多许多的母亲,每个母亲都有自己的梦想……

孩子能不能做到对新生命小心谨慎,关心照顾,对他的到来欣喜不已,取决于父母双方的智慧。

◎一个人来到这个尘世,不能像一粒微尘一样悄无声息地消失，总得在自己身后留下一点儿印记。

若想让自己得到"永生"，首先要做的就是，在另一个人身上重塑自我，这是人生最大的幸福和意义。如果你想长驻于另一个人的心中，就请你对你的孩子进行教育和培养。对一个人的培养是最重大的社会义务。孩子的精神面貌，取决于父母清晰呈现给他的人生价值和意义。教育使命的重要性，是我们所培养的人不仅应对其当下的一言一行负责，而且也要对自己的未来负责。这里是指，他们未来的思想、情感和生活信念。

孩子们，你们将迈入新的生活，你们将要面临的生活，就像一轮刚从地平线上升起的太阳，绚丽多彩，你们要勇往直前。你们要在土地上耕作，你们要建造房屋、修建桥梁，你们还要养牧牲畜；你们要为北归的鸟儿欢欣鼓舞，还要为田间青青的麦芽担忧；在敌人侵犯我们祖国神圣的边疆时，你们还需要长途跋涉，冲锋对敌。在这些事情中，都或多或少会留下你们的灵魂、思想和才华的印迹。然而，如果你们想把自己的整个灵魂留下，只能在另一个生命体上重塑一个自我。请不要忘记，你们还应该是一个父亲，一个母亲。身为人父，身为人母，最大的困难就是懂得"付出"的智慧。这是付出！是身心的付出！是千万倍的付出！尊敬的父亲们，请允许我这样称呼你们，我是把你们当作未来的父亲来称呼的，你们将不得不平心静气地听着一个新生儿的啼哭。还有亲爱的母亲们，我也把你们当作未来的母亲，你们将不得不在痛苦中生育儿女。请记着，在踏上漫漫人生旅途时，你们需要从青少年时期，就携带尽可能多的财富来同行，因为你们还要用这些财富来创造下一代。

在民间曾流传着这样一个故事：

曾经有一个一事无成的人，大家管他叫"荒男"，他喜欢唱歌，喜欢玩乐，而且居无定所，他经常从一片长满绿色庄稼的田地搬到一个开满鲜花的草地，又从一个开满鲜花的草地搬到一个阴暗茂密的树林里。如今，他有了一个儿子，他将摇篮挂在橡树上，自己坐在那里，仍旧唱着他的歌。儿子一天天长大了，他长得很快，一天，他跳出摇篮，走向父亲，开口说道："父亲，请告诉我，您用自己的这双手都做了些什么？"

父亲觉得儿子的话很有哲理，又感到很惊讶，他笑了笑，想着到底给儿子看点儿什么呢？

儿子在等父亲回话呢，可他却一声不吭，也不再唱歌了。儿子看到一棵高大的橡树，就问道："也许这棵橡树是您栽的?"

父亲低下了头,一言不发。儿子又把父亲带到田里,看着饱满的麦穗,又问父亲:"也许这些麦子是您种的?"

父亲又低下了头,还是一言不发。

儿子和父亲来到一个深深的池塘边,儿子看着水中映出的湛蓝湛蓝的天空,说道:"父亲,要不您告诉我一句富有哲理的生活训诫吧……"

荒男不仅没有亲手做过什么,而且连一句富有哲理的话都说不出来。他深深地低下了头,说不出一句话来。于是,他变成了一棵无籽草,这棵草的花从春天一直开到秋天,可就是什么果实也不结,也没有种子。

多么可悲啊!年轻人,要有畏惧感,如果一个人手脑空空就准备踏上生活的旅途,如果你们枉来这世上一趟,你们将在自己的儿女面前,在众人面前该有多难看,实在是愧对这一生一世啊!

◎在另一个生命体上重塑自我,并不是说仅生个孩子就够了。

人类不同于动物的是,在延续血脉的同时,还要把我们美好的理想、高尚的情操和崇高的精神传承给下一代。

年轻人,你们越是能将自我在下一代人身上深刻地体现出来,你们就越是一个富有的人,你们的个人生活就会越幸福。要将一个公民的义务与个人的责任统一融合,并在你们的孩子身上留下印记,因为孩子不仅是你们个人的幸福,同时也是人民的希望。

"祖国"在我们的语言中是一个最美丽的词,不仅因为它体现着庄严的公民性和伟大的全民性,还因为它深深扎根于每个人的心中。

作为老师,对每一代年轻人,我都会讲一个既让我难过、却又使我深为震撼的生活故事:

在一个大城市郊区的小医院病房里躺着两个母亲,一个叫切尔诺克萨娅,一个叫别洛克萨娅。她们都刚生了儿子,两个儿子同日出生,一个是早上出生,一个是晚上出生。她们都很幸福,两个妈妈在憧憬着儿子的未来。

"我希望我的儿子能成为一个杰出的人物,一位闻名世界的音乐家或者作家,或者是一位作品能流芳百世的雕塑家,或者是制造宇宙飞船的工程师,瞧,这就是为什么要活着……"别洛克萨娅说。

"我希望我的儿子成为一个善良的人,不论什么时候都不会忘记母亲和家乡。希望他能热爱祖国,仇视敌人。"

切尔诺克萨娅说。

父亲们每天都会来看望两位年轻的母亲,他们每次都会对着孩子的小脸端详半天,眼中闪烁着幸福、惊奇和感动的光芒。之后,他们就会坐在妻子的床头耳语个没完,最后,再在宝宝的摇篮旁对儿子的未来幻想一阵。当然只是想幸福的一面。一周后,两个当上父亲的幸福男人把他们的妻子接回了家。

三十年过去了,命运巧合,她们又住进了这所医院,头发已经花白,皱纹也悄悄爬上了她们的脸庞,但与三十年前相比,她们依然美丽。她们都彼此认出了对方。她们住的也是三十年前生儿子时住的那间病房。她们都讲述了自己这些年来的生活,有欢乐也有痛苦,痛苦还更多一些。双方的男人都在战地阵亡,可不知为什么,她们都对自己的儿子只字不提。最终,切尔诺克萨娅忍不住问道:"你的儿子现在做什么?"

"他是一位杰出的音乐家。"别洛克萨娅自豪地说,"他现在是我们那个城市大剧院的指挥,他取得了辉煌的成就。难道你不知道我的儿子吗?"接着,别洛克萨娅说出了儿子的名字。切尔诺克萨娅对这个名字当然再熟悉不过了,并且她还知道,他还拥有多种光环。前不久,她还读到了关于他在国外演出的报道。

"你的儿子呢?他做什么工作?"别洛克萨娅问道。

"一个庄稼汉,说具体点儿,他是个机械工,开拖拉机,也开康拜因[1],有时候还会到农场劳动。从早春到晚秋,只要大地还没被雪封,他就都在田里干活,耕地、播种、收获,之后又是耕地、播种、收获……我们住在离这里一百里远的村子里。儿子有两个孩子,一儿一女,儿子三岁了,女儿不久前刚出生。"

"唉,幸福与你无缘啊。"别洛克萨娅说道,"也难怪,谁让你的儿子是一个普普通通、默默无闻的人呢?"

切尔诺克萨娅什么也没说。

住院后还不到一天呢,切尔诺克萨娅的儿子就从村子里赶来看望母亲了。他身穿白色大褂[2],坐在医院的长凳上与母亲小声交谈了好长时间。切尔诺克萨娅妈妈一脸的幸福。顷刻,世间的一切好像都不复存在,她攥着儿子那只被太阳晒得黝黑黝黑的手微笑着。儿子在告别时,请求了

---

[1] 一种大型联合收割机。——译者注

[2] 俄罗斯的医院都不需要二十四小时陪病人,但可以在规定的时段探视病人,探病者到医院后必须换穿医院的白大褂,现在都改为一次性的大褂。——译者注

母亲的原谅后,从包里掏出了一串葡萄、一罐蜂蜜和一包黄油放在了旁边的小桌子上,然后亲吻过母亲,说了声:"早日康复!妈妈。"便起身告辞了。

而别洛克萨娅却一整天都是一个人,没人来看望她。

晚上,四周一片寂静,切尔诺克萨娅躺在床上不知想些什么,想着想着就情不自禁地笑了出来。此时,别洛克萨娅说道:"我儿子现在有演出,不然他也会来看我的。"

第二天,切尔诺克萨娅的庄稼汉儿子又从大老远的村子来看她了。他们又是在那条白色的长凳上聊了很久。别洛克萨娅也在听着,她听到他们说,现在正是农忙季节,他们不分白天黑夜地在干活……告别时,儿子又放下了蜂巢蜜、面包和苹果。切尔诺克萨娅面泛红光,眉头舒展。

这天,仍旧没人来看望别洛克萨娅。

晚上她们静静地躺着,谁也不说话,切尔诺克萨娅面带笑容,而别洛克萨娅却轻轻地叹了口气,还生怕同室的病友听到。

第三天,这个庄稼汉儿子又从老远的村子来看切尔诺克萨娅了,这次,他还带来了浓眉大眼的三岁儿子。他们给切尔诺克萨娅又带来了西瓜、葡萄和苹果什么的。他们在母亲的床边坐了很久,切尔诺克萨娅的幸福之情溢于言表，好像人也年轻了许多。孙子饶有兴趣地讲述他和爸爸昨天是如何登上康拜因的，并且还说："我也要当一个康拜因驾驶员！"奶奶轻轻吻了孙子一下……别洛克萨娅虽然也在听着小孩的讲述，可心里却很不是滋味。她想起了自己杰出的音乐家儿子，在出远门之前把她的孙子送到了一所寄宿学校。

两位母亲在医院住了一个月，切尔诺克萨娅的庄稼汉儿子每天都会从老远的村子赶来探望她，每次都会带给她粲然的微笑，似乎只有儿子的孝道和笑容才能让她好起来。别洛克萨娅感觉到，只要病友的庄稼汉儿子一来，好像连医院的墙壁都想让她快点儿好起来。

一个月过去了，依然没有一个人来探望别洛克萨娅。一天，大夫跟切尔诺克萨娅说："您现在完全健康了，心音和心率都非常正常。"然后又告诉别洛克萨娅："您还得再住一段时间，当然，您也会完全康复的。"正说着，不知何故，大夫的视线却转移了方向。

原来，是切尔诺克萨娅的庄稼汉儿子来接母亲出院了，他怀中抱着送给医生和护士们的花，整个医院的人都在微笑。

告别时，别洛克萨娅让切尔诺克萨娅再待几分钟，想单独跟她说几句话。等大家都离开病房时,她眼中含着泪问切尔诺克萨娅:"亲爱的,请你说说,你是怎样教育儿子的?他们不是同日出生的吗?你这么幸福,可我……"说着,就哭了起来。

"今天分别后,我们就再也不会见面了,不会再有第三次奇遇了,所以,现在我把真相都告诉你,在那个幸福的日子生下的儿子,不到一年就夭折了。这个儿子,虽与我没有血缘关系,他却是我的亲儿子,我领养他的时候,他只有三岁,也许他还模模糊糊记着点儿。对他来说,我就是他的亲生母亲,这几天你也亲眼看到了。我很幸福,可你却很不幸,我能深深感受到。你要知道,这些天我很为你难过,我都想早点儿出院了,因为儿子每次来看望我,都会让你的心情很沉重。出院后你去找你的儿子,告诉他:他这样冷酷无情是会遭报应的。他怎样对待自己的母亲,他的儿子也会怎样对待他。对父母无情是永远也不会得到饶恕的。"

对青少年的精神教育要以这样的思想为主线:我们中的每一位都会有孩子的,给予他们爱和温暖,让他们懂得他们是我们的孩子,他们对我们来说是最珍贵的,这并不难。难的是,让他们在心中对自己所走的每一步都能负责,建立对我们的信任感和真诚感,并使其体现在生活阅历中。对走向独立生活的一代代年轻人,我都会提醒,他们要培养出的,是对社会和人民负责的孩子。

为祖国培养出忠诚儿子的父母,就是在为自己建立鲜活的、不朽的纪念碑。假如你们的儿子成了祖国和人民的背叛者,那么你们就只配遭到蔑视和谴责了,这样的情况也是有的,所以有必要严词厉色地警告未来的父母。背叛是最可怕、最卑鄙的罪行。请记住,未来的父母们,出卖和背叛的种子源自利己主义,按陀思妥耶夫斯基的智慧表述,就是"生活只是为了自己的那副臭皮囊"。伟大而神圣的信念始于从父亲手里接过面包时的那份感受;始于他看到劳累了一天的父母下班回家后那份激动的心情,以及对他们的关心;始于他明白因自己的过失和大意带给父母痛苦时的懊恼之心。

在毕业晚会的前夕,我们会和那些准备领取毕业证的同学到森林里去。在鸟语花香的大自然中,我们会享受一顿丰盛的心灵野餐。我把这顿午餐叫作对未来父母的"训导之宴",因此,我会选用最恰当的词语,直击他们的灵魂深处。

我跟这些年轻人说,请记着,我曾跟你们说过,一个人最崇高的荣誉，就是为社会培养出一个合格的公民，如此，你们将获得为人父母最大的幸福。

每个人都应承担责任，每个人都应履行义务；每个人都要对自己的工作和品行负责，要对自己的爱与恨负责；要对自己说出的每一句话负责；然而，最崇高、最艰难、也最无法推卸的责任，就是父母养育子女的责任。在这份责任和义务中的最高仲裁者是人民、祖国和我们自己的良心。年轻人，你们将来有可能成为农民或者医生、伐木工人或者工程师、建筑工或者老师，但同时，你们也都是父亲或母亲。

一个小伙子在和年轻姑娘目光相对的一刹那，会心跳加快，双方都屏息静气，你们每次的彼此接触，都会产生难以理解的情感波动、希望和幻想。你们生活在对幸福的憧憬之中。长辈们传承给我们珍贵的财富——祖国、社会制度和劳动的自由——只有你们为之动心时，这些财富才能成为你们的幸福。长辈们什么都会传给你们，但是造就下一代的任务却没一个人能够替代你们，这是你们自己的事。一个新生命的诞生好似一个新世界的到来。新世界是一个什么样的世界，一切取决于你们自己。

◎你们的同学中,若是有人喜获弟弟或妹妹,都要向他(她)祝贺。

对新生儿表示祝贺,应视为有教养的行为之一。

生日,对每个人来说都应该是生命中最幸福的日子。如果没有一个人为他祝贺生日,甚至连一个提醒他的人都没有,那他会是一个非常孤独和不幸的人。你应该一生都记着爷爷奶奶、父母、兄弟和姐妹们的生日。一个家庭的幸福就在于大家都能够用心为彼此送上一份温暖,家中有几口人,一年中就要过几次生日。

当你生命中最亲近、最珍贵的长辈过生日时,你要比平时早起一点儿,走到他(她)跟前祝贺:"生日快乐!衷心祝福您健康、幸福、精神矍铄!"如果是祝贺自己弟弟、妹妹的生日,就要尽量让他(她)高兴,提醒他(她)已经几岁了。童年时期,每增加一岁,都会使孩子很兴奋,到青少年时期也会很高兴,可是,过了青春期就会焦虑和不安,成年人则有些郁闷,老年人会悲观。所以不用提醒爷爷、奶奶和父母的年龄,也没必要说出姐姐的年龄,尤其是过了二十岁以后。女性朋友都希望自己永远年轻,这是人类的权利,不过我们也要尽可能看到属于自己的美。在我们的心目中,这份美是不应褪色的,岁月虽能摧毁一个人外在的容貌，但这份驻在我们心中的美却会越来越深沉。光阴一去不复返，我们的生活只能写入自己的阅历中。一个人是否幸福不是说又活过了一年，而是这一年带给了我们什么。

对生日的祝贺是一门大学问，需要细腻的心思。比如，该怎么祝福？祝福什么？你的贺词能让人联想到什么？什么该说？什么不该说？这些都会体现出一个人的修养。在说祝福语时，尽量不要用"祝您长寿"[1]，因为这对一个小孩和少年来说，没有任何意义，能理解和感受这句话含义的只有那些有丰富生活阅历和智慧的人；若父母听到这样的话，则意味着你又在提醒他们总有一天会离开人世；而对爷爷奶奶来说，却多少带有讽刺的意味，因为他们的生命已过去多半了……

生日那天，要为亲爱的人送上一份礼品。生日礼品仅仅是一份心意，是心的记忆和符号，此中也体现出了你的修养。

要会做礼品，或者会挑选礼品，对自己最亲爱的人来

---

[1] 俄语中的"长寿"直译为长时间活着。作者认为老人们剩下的时间是有限的，显然不能长时间活着，所以最好不要用这个词作为对老者的生日贺词。这仅是作者的个人看法。——译者注

说，最珍贵的礼品是亲手制作的礼物，比如，用自己亲手种下的花做成的插花，自己亲手画的一幅画，自己写的一首诗，或是亲手做的一本画册，甚至是一本存有你的诗和画的本子。如果你不会写诗，可以写一篇作文，叙述你一生难忘的故事。给妈妈的生日礼物可以是一种美好的回忆，比如，你记忆中的第一页。最不妥的就是向父母要钱为他们买生日礼物。如果你什么也不会做，或者懒得做，也没办法，那也要对得起自己的良心，就用自己省下的零用钱为他们买一件礼物吧！但也没必要买贵重的东西，"礼轻情意重"。生日礼品是一份精神财富，重要的不是东西本身的价值，而是这份礼品体现出来的那份心意。

对爷爷奶奶的生日祝贺尤为重要和珍贵，要是忘了他们的生日，就要归为道德上的问题了。

也不要忘了曾教过你的那些年迈老师的生日，尤其是在他们孤苦伶仃的时候。

生日是家庭的节日，是亲人和好友的节日，而不是一个群体的节日。那些被社会大众庆生的人，是由于他们的荣誉和地位赢得了众人的尊重，大家才闻声而来的。即便如此，五十岁之前过这样的生日，也大可不必。如果一个人不到五十岁，或者说他的资格还不能够得到公众的认可，就给自己过这样隆重的生日,那就未免显得有些轻狂了。一般来说,成年人的生日,最好是自家人聚在一起隆重地庆祝。

学校不要把学生的生日办得太隆重。[1]遗憾的是,在很多寄宿学校都有这样的现象:把生日接近的同学安排在一个大礼堂里,让他们坐在荣誉席上,其他同学为他们祝贺。从一个教育者的角度来看,这样的庆生活动,带给孩子的是负面的心理影响:小小年纪的他们就习惯了如此声势浩大的仪式,而这种仪式仅仅是为了一件生活小事。请别忘记,生日是家人用"心灵感受"的节日。而公众人物的庆生活动往往是在饭店等公共场所,因为每个人都要郑重地为他送上自己的贺词。即便如此,之后,他们还是会私下再举办一次家庭聚会,邀请自己的亲朋好友过来,否则,生日就过得没有任何意义。只有在你的多年挚友和家人的参与下,你才会觉得舒服,你的生日才会成为真正意义上用"心灵感受"的节日。

---

[1] 在俄罗斯的幼儿园和学校都有为孩子们过生日的习惯。一般是生日这天,幼儿园和学校会组织同班同学每人送一份礼品给过生日的同学,有的是自制贺卡,有的是一幅画,更多的是每人送上一句祝福的话。——译者注

你可以教孩子们如何为家人庆贺生日，教他们怎样送礼物，然而，想让孩子们完全领会老师的一些教诲，只有等他们有了切身感受后才行。有时，生活中会出现这样的情况和现象：当老师和家长对孩子的教诲句句都情深意切时，两者之间就会有另一种关系出现：原本一句普普通通的话，此时在他面前却突然被赋予了深奥与神奇的色彩，并影响到孩子个人的内心世界。

二年级的教室里正上着课，老师看到一个叫佳丽雅的学生举着手，她是个开朗、慷慨、富有同情心的女孩。

"你想说什么，佳丽雅？"老师问。

"玛丽伊卡有了一个小弟弟。"佳丽雅说，她一脸的喜悦，倒像是她有了一个小弟弟似的。玛丽伊卡是她的好朋友，也是她同桌，她们依窗而坐。霎时间，全班三十双眼睛齐刷刷地看向玛丽伊卡，他们好奇地打量着她，似乎要在她身上发现什么新鲜东西，玛丽伊卡很难为情，小脸涨得通红。有时，有些感觉一生只能体验一次。我们大人感受不到一个七岁的孩子有了一个弟弟或妹妹时的那份惊喜之情，尽管他（她）还不完全懂得这个道理，但是现实将他（她）置于一种"地位"的自我提升和一种全新的家庭人际关系之中，这使他（她）的心灵感到震撼。如果我们能够深入到孩子们的思想和情感世界之中,渗透到孩子波涛起伏的心田里,我们就会加倍地尊重那个因弟弟或妹妹的诞生而"荣升"为哥哥和姐姐的孩子了,这个小生命对他(她)来说是最珍贵的,之所谓"珍贵",是因为他们是一母所生,他(她)相信虞美人花田的故事,而且他(她)觉得这个美丽的故事中又深藏着人类的秘密和母亲生孕的奥秘。我们的使命就在于,让那个因自己当上了哥哥或姐姐的孩子,在自己的新"地位"中要更加尊重自己,现在的他(她)已今非昔比。

"玛丽伊卡有了一个小弟弟……玛丽伊卡有了一个小弟弟……"全班同学都开始窃窃私语,老师和孩子们都面带微笑。

"这多好啊!"老师说着,走到玛丽伊卡身旁,轻吻了她一下。"我们恭喜玛丽伊卡的爸爸和妈妈有了一个儿子,也恭喜玛丽伊卡有了一个小弟弟。"

佳丽雅拥抱了玛丽伊卡,也轻轻吻了她一下……

"'恭喜'是什么意思啊?"米克拉若有所思地问道。孩子们还无法解释词语中的情感色彩……如果他们知道如何用语言来表达自己的感受,他们就会说:米克拉非常清楚"恭喜"是什么意思。他之所以要提出这样的问题,是因为他想打消心中的疑惑，这也是为什么他在提出问题的那一刻，同时也深深地叹了口气的原因。

教室里变得异常安静，大家都期待着老师的回答。

"这意味着玛丽伊卡的爸爸和妈妈都感到非常幸福，一个人的出生带给了那么多人幸福：玛丽伊卡的爸爸和妈妈有了一个儿子；玛丽伊卡有了一个弟弟；玛丽伊卡的爷爷和奶奶有了一个孙子；玛丽伊卡的姥爷和姥姥有了一个外孙；玛丽伊卡的叔叔有了一个侄儿；玛丽伊卡的阿姨有了一个外甥；玛丽伊卡的堂兄堂姐们有了一个堂弟；玛丽伊卡的表兄表姐们有了一个表弟；我们有了一个新朋友。你看，有多少人变得快乐起来了。你看，这就是我们为什么要祝贺玛丽伊卡。

"随着一个人的诞生，未来就诞生了。他是玛丽伊卡的弟弟，是我们当中最小的男孩。当你们这些男孩成为一名军人、祖国的捍卫者时，他才刚来到学校，学着写'妈妈'。晚上，你们将守护在祖国边境保护他，而他却在睡梦中开心地微笑，因为有你们在警惕地捍卫着祖国的边疆。我们高高兴兴地祝贺每一个生命的诞生，为每一位新生儿的母亲送上祝福。我们伟大而庄严的祖国期待着一个真正的人才到来。我们还不知道玛丽伊卡的弟弟将来会成为一个什么样的人，甚至他现在连名字都没有。过几天玛丽伊卡的爸爸和妈妈就会到学校来，从我们的民族名字宝库中为她弟弟选一个名字。不管玛丽伊卡的弟弟将来会成为一个什么样的人，是在祖辈的土地上辛勤耕耘的人，还是一位宇航员，是泥瓦匠还是畜牧者，是园丁还是车工，她的母亲都会竭尽全力把他培养成一个忠于祖国的儿子。这就是为什么我们要表示祝贺的原因。"

就是要这样教孩子去感受生活。在这位老师与孩子真诚的心智交流中，句句都透出了她细腻的一面。形象地说，老师和孩子都从同一个角度看到了世界，他们都感受到了同样的惊喜和激动，以及这个绝无仅有的瞬间。

Translator's Afterword　译后记

经典之所以为经典，是因为它具有强烈的时代感，从不受时空的限制，常读常新。瓦西里·亚历山德罗维奇·苏霍姆林斯基的大部分作品都可称得上是这样的作品。苏霍姆林斯基用他短暂的一生为人类教育史留下了宝贵的精神财富，当你在读他的作品时，像是穿越时空，与一位智者在促膝长谈，完全不像在读一本晦涩难懂的教条理论。他亲和友善的面容仿佛就在你的眼前，他真切感人的话语总是围绕在你的耳畔。

苏霍姆林斯基用他一生不平凡的经历，记录了生活的见证，在此与我们今人分享。无论是哪位，不管是准备步入婚姻殿堂的青年男女，还是已经在体验为人父母艰辛的你我，或是准备登上三尺讲台手执教鞭的未来教师，总会从手上的这本书中得到意想不到的收获。我敢肯定，这里总有那么几处会让你心潮澎湃，激动不已；书中总有那么一两个故事会使你感同身受，如临其境。也许有些事例正是你生活的写照，也许有些育儿经验曾让你"众里寻他千百度"。

一个人能将自己毕生的精力和时间都用于儿童和青少年的教育事业上，并设身处地为孩子们着想，为家长们着想，而且放眼未来为社会和国家着想，实是难能可贵。在翻译的过程中，我曾多少次被苏霍姆林斯基的真诚和细腻所打动，这是一位用思想和灵魂来培育后代的教育家，是一位用人心来确立人性的心理学家。我是多么羡慕曾在苏霍姆林斯基手下成长起来的学生和被他指导过的家长们。

苏霍姆林斯基基于人本主义的原则，在认识到孩子的人格个性是最高价值的基础上，创建了一个新颖独特的教育体系，这也是被后世冠以他"教育创新家"称号的原因吧！他认为一切培养和教育过程都应该在此基础上进行，并由志同道合者紧密组建成的团队来完成,因为这是一项富有创造性的育人工程。

苏霍姆林斯基将学习过程构建成一项快乐的劳动;他非常注重学生自我观点的形成;在教学中,教师的言语技巧,讲课的艺术风格,同孩子们一起创作的童话故事、艺术作品以及所阅读的书籍等等,均扮演着重要的育人角色。在他所处时代的苏联教育中,他就开始发展国内和世界教育思想的人文传统。

他的观点体现在许多学校的实践中。在他离开我们的第五个年头,即1975年,苏霍姆林斯基国际协会和苏霍姆林斯基研究人员国际联盟成立了,即帕夫雷什学校中的苏霍姆林斯基教育博物馆。

也难怪,在他过世后的半个世纪,他的育人经验和他独创的教育体系还能为今人所借鉴。他在作品中毫无遮掩地指出了当时教育中存在的弊病，并且身体力行创建了当时极为罕见的真正意义上的"家长学校"，从根本上解决了家庭教育问题。那是二战之后，在劫后余生的精神家园上建立起来的教育体系。他的教育体系不就是我们现在常常挂在嘴边的亲子教育吗？只是他建构的体系更为完善和深入。

在穷其毕生的教育事业中，苏霍姆林斯基结合自身的经历和经验完成了40多本书籍，发表了600多篇文章，还留给了孩子们1200篇活泼有趣的童话故事。他的著作被译成多种语言，总发行量达400万册。他的许多作品被世界上一些国家的师范院校列为必修课本。苏霍姆林斯基用他短暂的一生谱写了二十世纪中叶儿童、青少年教育史上的一大奇迹。

在本书的翻译过程中，为遵循先人思想和灵魂上的感受，译者力求保留其措词技巧和言谈风格。然而，考虑到我们读者的精神感受，对一些时代特征较强的符号还是做了隐匿处理。

毕竟译者水平有限，难免会有不足之处，还望诸位海涵。

如心

于莫斯科

你们看到孩子的每个瞬间,便是看到了自己。在养育孩子的同时,你们也在进行自我修行,进而完善自己的人格。

——〔苏〕B.A. 苏霍姆林斯基

图书在版编目（CIP）数据

给父母的建议/（苏）B.A.苏霍姆林斯基著；如心译.—昆明：晨光出版社，2022.3
ISBN 978-7-5715-1154-8

Ⅰ.①给… Ⅱ.①B…②如… Ⅲ.①家庭教育 Ⅳ.①G78

中国版本图书馆CIP数据核字（2021）第106524号

GEI FUMU DE JIANYI
给父母的建议
〔苏〕B.A.苏霍姆林斯基 著　如心 译

出 版 人	杨旭恒
总 策 划	杨旭恒
责任编辑	李　政　常颖雯
特约策划	胡志远
出　　版	云南出版集团 晨光出版社
地　　址	昆明市环城西路609号新闻出版大楼
邮　　编	650034
发行电话	（010）88356856　88356858
印　　刷	固安兰星球彩色印刷有限公司
经　　销	各地新华书店
版　　次	2022年3月第1版
印　　次	2022年3月第1次印刷
开　　本	130mm×185mm 32开
印　　张	8.5
字　　数	134千
ISBN	978-7-5715-1154-8
定　　价	48.00元

退换声明：若有印刷质量问题，请及时和销售部门（010-88356856）联系退换。